찰스 다우 연구

이 책은 방일영문화재단의 지원을 받아 저술, 출판되었습니다.

찰스 다우 연구

시장을 바라보는 새로운 방식

굿모닝북스

《일러두기》

1. 본문에서 괄호 안에 따로 설명한 내용은 독자의 이해를 돕기 위해 저자가 각종 자료를 참고해 붙인 것입니다.
2. 신문을 비롯한 정기간행물은 〈 〉로, 단행본으로 출간된 책은 《 》로 표시했습니다.
3. 다우존스 평균주가는 이미 "평균주가"로서의 의미보다는 "주가지수" 개념으로 널리 사용되고 있어, 본문에서는 다우존스 지수 혹은 다우 지수로 혼용해서 사용했습니다.
4. 찰스 다우의 저서는 생전에는 물론 사후에도 일체 출간되지 않았습니다. 따라서 이 책에서 인용한 다우의 글은 모두 신문에 기사로 쓴 것들입니다. 다우의 글 가운데 주가의 등락을 이야기하면서 자주 쓰는 "포인트"라는 표현은 뉴욕증권거래소(NYSE)에서 주가를 액면가(100달러) 대비 퍼센트로 표시했던 시절의 것으로, 별도의 설명이 없는 한 1포인트는 1달러와 같습니다. NYSE는 1915년 이후 주가를 실제 거래되는 금액을 기준으로 표시함으로써 "포인트"라는 표현은 사라지게 됩니다.

목차

■ 프롤로그

─다우는 무엇을 보았는가

1882년 11월의 어느날, 뉴욕 맨해튼 남쪽의 월 스트리트 15번지에 있는 허름한 2층 건물 좁은 지하실에서는 두 젊은이가 진지한 표정으로 이야기를 나누고 있었다. 구레나룻이 인상적인 서른한 살의 청년 찰스 다우는 주로 듣는 입장이었고, 일찌감치 머리가 벗겨져 나이가 오히려 더 들어 보이는 스물여섯 살의 에디 존스가 열띤 목소리로 대화를 이끌어갔다. 두 사람은 현재 자신들이 기자로 일하고 있는 직장을 그만두고 그들 손으로 새로운 뉴스 속보 서비스 회사를 창업하는 문제를 논의하는 중이었다.

다우와 존스는 이미 지난 여름부터 시간이 날 때마다 장래의 뉴스 속보 사업에 대해 이야기를 나눠왔다. 미국 경제는 1873년 패닉 때부터 이어진 기나긴 불황의 늪에서 빠져나와 다시 확장 국면으로 들어선 시점이었다. 철도와 운하, 항만의 개발 덕분에 남북전쟁 이후 서부로 가는 길이 활짝 열렸고, 덕분에 농산물과 지하자원을 대규모로 수출할 수 있게 됐다. 미국의 무역수지 흑자는 늘어났고, 뉴욕의 은행들은 점점 더 강력해졌다. 월 스트리트에 대한 금융시장의 관심도 갈수록 커져 동부 지역뿐만 아니라 중서부 지역의 내로라하는 재산가들과 유럽의 대형 투자은행들이 몰려들었다. 이들 은행가와 투기 세력들이 월 스트리트에서 활동하면서 이름난 증권 중개회사들도 뿌리를 내리고 성장해나갔다. 이들이 바로 키어난 뉴스 에이전시(Kiernan News Agency)가 공급하는 뉴스 속보 서비스의 주된 고객이었다. 이들 부유한 트레이더들은 주로 맨해튼의 업타운이나 브루클린의 고급 주택가에 살면서 언제든 페리를 타면 월 스트리트를 오갈 수 있었다.

월 스트리트는 아직 세계 최고의 금융 중심지라고 부르기에는 부족한 모습이었지만, 대륙 횡단 철도가 건설될 정도의 엄청난 철도 붐과 서부 개척 바람과 함께 불어 닥친 골드 러시에 힘입어 한창 몸집을 불려나가는 상황이었다. 특히 뉴욕증권거래소(New York Stock Exchange)는 남북전쟁이 끝나가던 1865년 12월 9일 브로드 스트리트의 4층짜리 새 건물로 이사한 뒤 회원수가 1000명을 넘어서며 월 스트리트의 중심으로 부상하고 있었다. 월 스트리트로 몰려드는 자본의 규모가 커질수록, 또 월 스트리트에서 주식과 채권을 발행하고 거래하는 자본가와 트레이더, 중개인이 늘어날수록 정보에 대한 수요 역시 높아져갔다.

다우와 존스는 이런 변화의 물결에 주목하고 있었다. 특히 당시 자본가들의 관심은 단연 철도회사에 쏠렸지만, 다우가 훗날 칼럼에서 썼듯이 곧 산업주로 주도권이 옮겨갈 것이라는 점을 두 사람은 간파하고 있었다. 이건 그 무렵 뉴욕의 풍경을 눈 여겨 살펴봐도 어느 정도 알 수 있었다. 다우가 뉴욕에 오자마자 잠시 몸담았던 〈뉴욕 메일 앤 익스프레스 The New York Mail and Express〉의 설립자 사이러스 필드는 전신 사업으로 큰돈을 벌었고, 그 무렵 웨스턴 유니언은 맨해튼 남쪽에 거대한 신축 사옥을 짓고 있었다. 벨의 전화기가 하나씩 둘씩 선을 보였고, 새로 문을 연 토마스 에디슨의 발전소가 월 스트리트의 사무실들을 환히 밝혀주었다. 1882년 무렵 뉴욕 인구는 130만 명에 달했고, 1883년에는 브루클린 브릿지가 새로 건설돼 맨해튼과 브루클린을 이어주었다. 맨해튼 어디를 가나 고층 빌딩이 새로 올라가고 있었다. 1878년에는 전화교환국도 문을 열었다. 어쨌든 이 모든 것들이 월 스트리트의 투자 기회를 한없이 넓혀주고 있었다.

존스만큼 달아오른 것은 아니었지만 다우 역시 이 같은 기회를 놓치고 싶지 않았다. 틀림없이 시장이 관심을 갖는 뉴스의 영역은 계속해서 늘어날 것이었다. 둘은 마침내 새로운 투자 기회에 동참함으로써 변화의 물결에 뛰어들기로 했다. 필요한 것은 용기와 약간의 자본뿐이었다. 다우는 이 무렵 결혼한 지 얼마 되지 않아 생활비가 만만치 않은 상황이었고, 존스는 아직 갚아야 할 빚까지 있는 상태였다. 하지만 이런 문제가 그들의 결정을 가로막지는 못했다.

두 사람이 힘을 합치면 시너지 효과를 극대화할 수 있을 것이었다. 철도 기업에 대해서야 두 사람 다 전문가 수준이었고, 이와는 별도로 다우는 광산 분야를 잘 알았고, 존스는 통신 산업에 관심이 많았다. 또한 다우는 그가 좋아하는 심층 분석 기사와 해설 기사를 쓸 수 있었다. 이런 기사가 뉴스 속보의 질을 높여줄 것이라는 다우의 생각을 앞서 키어난 측에서는 탐탁지 않게 여겼지만 존스는 적극 지지해주었다. 존스는 무엇이든 창의적인 시도를 환영했고, 그래서 다른 사람의 새로운 의견을 적극 수용하는 편이었다. 게다가 존스가 구사하는 간결하면서도 명쾌한 문장은 뉴스 속보 스타일에 딱 맞는 것이었고, 그는 누구보다 메신저 보이들을 잘 다룰 줄 알았다.

두 사람은 많은 고민과 토론 끝에 보다 더 구체적으로 장래 계획을 짜나갔고, 지금 두 사람이 의자도 없이 나무상자 위에 쪼그리고 앉아있는 이 반 지하실을 사무실로 쓰기로 한 터였다. 작고 허름한 이 2층짜리 건물은 위층에 소다수 판매점이 자리잡고 있어 금융 뉴스 서비스 회사로는 좀 어울리지 않는 건물이었지만 바로 앞에 뉴욕증권거래소가 있다는 게 위안거리였다. 두 사람이 지금 몸담고 있는 키어난 뉴스 에이전시와도 불과 몇 걸음 떨어지지 않아 입지로는 괜찮은 편이었다. 둘은 일단 회사 이름을 다우, 존스 앤 컴퍼니(Dow, Jones & Company)로 하기로 했지만, 실은 키어난 뉴스 에이전시에서 기자로 함께 일했던 찰스 버그스트레서도 파트너로 참여해 모두 세 명의 동업자가 회사를 설립하는 셈이었다.

버그스트레서는 두 사람이 장래 계획을 논의하는 자리에 끼어 이야기를 들은 적이 있었는데, 곧 자기도 참여하겠다고 나섰다. 땅딸막한 체구에 워낙 검소하고 부지런해 "펜실베이니아 더치맨"이라는 별명까지 얻었던 버그스트레서는 신참이기는 했지만 웬만한 베테랑들보다도 월 스트리트에 대해 많이 알았다. 다만 메신저 보이들을 관리하는 일은 버그스트레서나 학구적이고 조용한 성격의 다우가 할 수 없었다. 따라서 그건 존스가 해야 할 몫이었다.

다우와 존스는 최종 결정을 내렸다. 메신저 보이들을 통해 주식시장 뉴스를 공급하는 뉴스 속보 서비스 회사를 출범시키기로 한 것이다. 그들이 만드는 뉴스 속보에는 단순한 스트레이트 뉴스뿐만 아니라 다우가 쓸 다양한 경제 이슈 해설과 주식시장에 관한 분석 기사, 그리고 존스가 밤사이 윈저 호텔에서 물어온 여러 가십거리들이 실릴 것이었다. 물론 뉴스 속보의 생명이나 다름없는 월 스트리트의 최신 뉴스는 부지런한 버그스트레서를 비롯해 세 사람 모두 쓰기로 했다.

이렇게 해서 다우, 존스 앤 컴퍼니가 공급하는 뉴스 속보가 1882년 11월 처음으로 메신저 보이들의 손에 들려 월 스트리트에 첫 선을 보였다. 버그스트레서는 아침 7시 이전에 사무실에 나와 문을 연 다음 그날의 맨 처음 뉴스 속보를 준비했다. 첫 뉴스 속보에서는 전날의 주식 거래 상황을 정리한 "주식 시세 요점(A Summary of Private Wire, 여기서 Private Wire는 당시 대형 증권회사들이 고객들의 주문을 처리했던 전용 전신선을 말한다)"과 뉴욕 주식시장보다 일찍 열리는 런던의 시세를 알려주는 "런던 주가(London

Prices)"가 제일 중요했다. 존스는 아침에 사무실에 나오면 전날 밤 늦게까지 윈저 호텔에서 월 스트리트의 유력 인사들과 어울리면서 들었던 이야기들을 정리했는데, 이 내용은 두 번째 뉴스 속보에 실렸다. 존스는 주로 사무실에서 데스크 작업을 하며 필경사와 메신저 보이들과 씨름을 했다. 세 사람 모두 밤낮을 가리지 않고 월 스트리트의 은행과 증권회사, 증권거래소를 비롯한 여러 거래소를 돌아다녔고, 취재를 하는 한편으로 자신들이 공급하는 뉴스 속보 서비스의 구독을 부탁하기도 했다.

셋 중 가장 키가 컸던 다우는 과묵한 대학교수를 연상시켰는데, 존스와 버그스트레서는 그가 쓰는 분석 기사와 해설 기사를 아주 좋아했다. 그도 그럴 것이 당시 월 스트리트에서 발행되는 뉴스 속보에서 그런 식의 깊이 있는 기사는 눈을 씻고 찾아볼래야 찾아볼 수 없었고, 사실 어떤 회사에서도 그런 기사를 쓰려고 시도해보지도 않았다. 경제 전반과 시장 상황, 업계와 기업의 변화 과정과 그 추이를 돋보기로 들여다보듯 깊이 파헤쳐 알기 쉬운 문장으로 전달해주는 다우의 심층 분석 기사는 당시로서는 처음 보는 신선한 기사였다.

그런 점에서 후대의 경제사가인 로버트 소벨이 다우를 가리켜 "월 스트리트 역사상 가장 유명한 애널리스트"라고 불렀던 것도 어쩌면 당연한 일일지 모른다. 소벨의 말처럼 다우는 객관적인 정보수집 능력과 탁월한 분석력을 갖춘 뛰어난 애널리스트였다. 그러나 그 이전에 그는 현상을 꿰뚫어보는 날카로운 눈과 관찰력을 가진 저널리스트였고, 풍부한 현장 경험과 지식을 겸비한 통찰력 있는 이코노미스트였다.

다우는 주식시장이 합리적으로 움직인다고 생각한 최초의 인물이다. 이런 사고를 바탕으로 일반 투자자들이 시장 상황이 어떤지 가늠하는 데 도움이 되도록 만든 게 바로 다우존스 평균주가였다. 그 이전까지 이 세상에는 주가지수라는 게 없었다. 종목별 주가만 바라봤지 시장 전체의 흐름을 가늠할 생각은 아무도 못했던 것이다. 다우는 새로운 시각으로 주식시장을 바라봤다. 그렇게 해서 우리는 찰스 다우라는 인간을 알든 모르든, 그가 쓴 기사를 읽어봤든 안 읽어봤든 관계없이, 다우 덕분에 시장을 보는 새로운 방식을 얻을 수 있게 된 것이다.

1
첫 번째 스승

찰스 헨리 다우는 1851년 11월 6일 코네티컷 주 스털링에 자리잡은 이콩크 힐 마을의 크지는 않지만 안락한 농가에서 태어났다. 이콩크 힐이라는 이름은 추워지면 마을의 산등성이 아래 늪지로 날아들어 겨울을 나는 캐나다 거위가 "이콩크, 이콩크"하면서 운다고 하여 붙여진 것이다. 다우의 집안이 이곳에 정착하게 된 연원을 짚어보면 멀리 17세기까지 거슬러 올라가는데, 1637년 헨리 다우가 잉글랜드에서 매사추세츠 주 워터타운으로 건너온 것이 그 시작이었다. 그 후 다우의 증조할아버지 에버니저 다우가 스털링 북쪽에 위치한 발런타운으로 이주했고, 1794년 당시 새로이 형성되던 스털링에 조합교회파 교회(Congregational Church)를 짓는 것을 도우면서 자연스럽게 이콩크 힐에 정착하게 됐다.

다우의 아버지 찰스 다우는 다우가 여섯 살 되던 해인 1857년 세상을 떠났고, 다우보다 먼저 태어난 두 형들 역시 어린 나이에 죽었다. 다우는 어려서부터 농사일을 배웠지만, 정규교육이라고는 전 학년을 합쳐 한 학급밖에 없는 이콩크 힐의 초등학교를 다니며 읽기와 쓰기를 배운 게 전부였다. 다우는 결국 1867년 16세의 나이로 어머니 해리엇 알렌 다우의 곁을 떠나 도시로 향했다. 다우의 어린 시절과 학창생활에 대해서는 더 이상 남아있는 기록이 없다.

그의 첫 직업은 지역 주간지의 견습기자 겸 인쇄공이었다.(기자 출신의 로이드 웬트는 그의 저서 《월스트리트저널The Wall Street Journal》에서 다우의 첫 직장이 아마도 스텅링과 붙어있는 윈드햄 카운티에서 발행되던 주간지 〈윈드햄 카운티 트랜스크립트The Windham County Transcript〉였을 것이라고 썼다.) 찰스 다우는 이 무렵 이미 키가 180센티미터를 넘었고 호리호리한 체격에 검은 눈동자를 가졌으며 말수는 적고 냉정한 성격이었는데, 18세 되던 해인 1869년 코네티컷 주를 떠나 매사추세츠 주 스프링필드로 건너갔다. 그리고 여러 직업을 전전한 끝에 1872년 이곳에서 발행되는 일간지로 당시 전국적인 명성을 얻고 있던 〈스프링필드 데일리 리퍼블리컨The Springfield Daily Republican〉(이하 〈스프링필드 리퍼블리컨〉)의 기자 겸 파트타임 인쇄공으로 일하기 시작했다.

그는 코네티컷을 떠나기 전까지 꽤나 많은 직업을 전전했는데, 나중에 〈월스트리트저널〉을 창간한 뒤 스스로 밝힌 재미있는 사실이 있다. 하루는 그의 사무실로 여러 명의 손님들이 찾아와 현재의 직업을 갖기 전까지 무슨 일들을 했는지 한 명씩 이야기하기 시작했다. 다우는 예의 성격처럼 아무 말 없이 잠자코 듣기만 했지만, 자신이 저널리스트의 길로 접어들기 전까지 거쳐야 했던 다양한 직업들을 종이에 하나씩 적어나갔다. 그가 적은 리스트에는 무려 20가지 이상의 온갖 직업들이 망라돼 있었는데, 이를 본 사람들 모두가 깜짝 놀랐다고 한다.

다우의 성격

다우는 다재 다능한 인물이었지만 결코 앞에 나서는 성격은 아니었다. 그는 한눈에 봐도 아주 단단해 보이는 기골이 장대한 인물이었다. 그러나 옷차림은 늘 수수했고 말투나 행동 역시 조심스러웠다. 결코 자신을 내세우는 법이 없었던 그는 남들한테 자기 주장을 강변하거나 자랑하는 일 따위는 아예 상상조차 할 수 없었다. 남들의 잘못을 인정할 때도 무척이나 뜸을 들인 다음에야 했다. 〈월스트리트저널〉에서 그와 오랫동안 함께 일했고, 훗날 다우의 뒤를 이어 〈월스트리트저널〉의 2대 편집국장이 된 토마스 F. 우드록은 다우에 대해 이렇게 적었다. "다우는 키가 컸지만 약간 허리를 굽히고 다니는 편이었다. 검은 수염을 길렀고, 대학교수를 연상케 하는 진지한 분위기에 논리 정연한 어조를 구사하는 스타일이었다." 다우는 특히 과묵하면서도 꼭 말을 해야 할 때는 한두 마디로 짧게 끝냄으로써 사람들의 주목을 받았다. 어린 시절부터 몸에 밴 다우의 이 같은 성격은 스프링필드에서는 물론 뉴욕에서 활동할 때까지 계속 따라다닌 그만의 독특한 매력이었다.

다우가 말년에 〈월스트리트저널〉 편집국장으로 재직하던 시절 10대 소년사원으로 그의 밑에서 일했던 올리버 J. 진골드는 이렇게 회상했다. "다우 선생님은 키가 크고 풍채가 좋았으며 절대로 흥분하지 않는 분이었다. 나는 그 분이 웃는 모습을 본 적이 단 한 번도 없다. 그 분은 누구와도 그리 많은 이야기를 나누는 편이 아니었다." 다우를 아는 사람들은 하나같이 다우하면 이 같은 과묵함을 가장 먼저 떠올렸다. 그러면 1899년 〈월스트리트저널〉에 입사해 다우의 후배 기자로 일했고, 1907년부터 22년간 편집국장을 지낸 윌리엄 피터 해밀턴이 그의 저서 《주식시장 바로미터The Stock Market Barometer》에서 다우에 대해 기술한 내용을 보자. "뉴잉글랜드 출신인 다우는 지적이었고 자제할 줄 알았고 무척 보수적이었다. 그리고 자신의 사업에 대해 잘 알았다. 그는 어떤 주제에 대해서든, 그것이 아무리 뜨거운 논쟁거리였다 해도 한쪽으로 치우치지 않는 아주 냉정한 성격을 가진 인물이었다. 나는 다우가 화내는 것을 한 번도 본 적이 없다. 그러나 이렇게 말하는 것만으로는 충분하지 않을 것이다. 실제로 나는 그가 약간이라도 흥분하는 모습을 결코 본 일이 없다. 그가 활동하던 시절은 금융 분야에 정통한 신문기자는 물론 주식시장에 대해 깊이 있는 지식을 가진 사람도 거의 찾아보기 힘들 때였다. 이런 시기에 그가 보여준 완벽할 정도의 정직함과 훌륭한 감각은 월 스트리트에 있는 모든 이들에게 깊은 신뢰감을 심어주었다."

해밀턴은 그러면서 이렇게 덧붙였다. "나는 다우의 말년에 그의 밑에서 일했고, 그런 점에서 그를 잘 알았고 좋아했다. 그의 다른 많은 친구들과 마찬가지로 나 역시 그의 과도할 정도의 보수적인 시각에 가끔 화가 날 지경이었다."

〈스프링필드 리퍼블리컨〉 시절

다행히 고생 끝에 자리잡은 〈스프링필드 리퍼블리컨〉은 찰스 다우의 삶에 큰 전기를 마련해주었다. 그의 저널리스트 인생에서 첫 번째 스승이라고 할 수 있는 새뮤얼 W. 바울스를 만난 것이었다. 바울스는 당시 이 신문의 발행인 겸 편집국장이었는데, 타협을 모르는 엄한 성격에 비상한 두뇌의 소유자였다. 그는 1872년 초 회사 조직을 신문 발행과 인쇄 부문으로 분리하는 작업을 추진했다. 그러자 여기에 반발한 그의 파트너 두 명이 회사를 나가 경쟁지인 〈스프링필드 유니언The Springfield Union〉을 만들었다. 이들은 당연히 다우에게 스카우트 제의를 했으나 다우는 이를 거절했다. 많은 기자들이 경쟁지로 빠져나간 빈자리를 채우기 위한 어쩔 수 없는 선택이었을지도 모르지만, 어쨌든 바울스는 이 결정이 있은 지 얼마 되지 않아 이제 갓 스물을 넘긴 다우를 부에디터(assistant editor)로 승진시켜주었고, 다우는 1875년 〈스프링필드 리퍼블리컨〉을 떠날 때까지 부에디터로 일했다.

스프링필드는 당시 인구 3만5000명 규모의 크지 않은 도시였지만 〈스프링필드 리퍼블리컨〉은 보스턴을 제외한 뉴잉글랜드 전지역에서 가장 많은 부수를 발행하는 일간지였고, 바울스는 전국적인 영향력을 지닌 유력 인사였다. 그는 자신이 신봉하는 저널리즘의 원칙들을 절대 버리지 않았고, 대부분의 신문들이 이런저런 대가를 받고 뉴스를 팔아먹는 게 관행이던 시절에도 그는 늘 균형 감각을 유지했다. 〈스프링필드 리퍼블리컨〉 기자들은 이런 분위기 속에서 논리에 충실한 경쟁력 있는 기사들을 생산해냈다.

〈스프링필드 리퍼블리컨〉은 1824년에 그의 아버지 새뮤얼 바울스 2세(그러니까 여기서 별도 언급 없이 바울스라고 지칭하는 인물은 새뮤얼 바울스 3세다)가 주간지로 창간한 신문인데, 그가 18세 되던 해인 1844년에 일간지가 됐다. 그는 고등학교를 졸업한 17세 때부터 신문사 사환으로 일하기 시작했다. 그의 아버지는 대학교육 따위는 필요하지 않다고 생각했지만, 그는 늘 대학에 진학해 계속 공부하지 않은 것에 대해 아쉬움을 느꼈다.

"기사의 첫 문장에 모든 내용을 담으라"

바울스는 기사 작성에 관한 한 아주 엄격한 장인이었고, 기사를 어떻게 작성해야 하는지에 관해 확고한 철학을 갖고 있었다. 그는 기사에서 불필요한 군더더기들을 모두 제거했고, 길게 늘여서 쓴 기사를 단 한 문단으로 줄였으며, 한 문단은 두 문장으로 압축했다. 그가 쓴 기사들은 마치 칼로 자른 것처럼 예리했고 채찍을 휘두르듯 매서웠다. 그는 지금은 신문 기사 작성의 상식처럼 돼 있는 리드 기법을 처음으로 가르친 인물이기도 했다. 기자들에게 6하 원칙에 따라, 언제 어디서 누가 왜 무엇을 어떻게 했는지 "기사의 첫 문장에 모든 내용을 담으라(put it all in the first sentence)"고 강조했던 편집자로 유명했다. 그는 젊은 기자들에게 이렇게 강조하곤 했다. "온갖 수식과 비유를 늘어놓은 대여섯 문장을 끝까지 다 읽은 다음 비로소 뉴스가 무엇인지 알려고 하는 독자는 없다고 생각하게." 그런가 하면 이런 조언도 해주었다. "기사를 쓰면서 처음부터 언제 어디서라는 식으로 시작하면 절대로 안 되네. 그래서는 독자의 주의를 끌 수가 없지."

바울스는 편집자로서 아주 성실하고 신중한 편이었지만 특이하게도 〈스프링필드 리퍼블리컨〉에 정정기사를 싣는 것은 절대로 용납하지 않았다. 이와 관련된 재미있는 일화 한 토막이 아직도 전해지고 있다. 어느날 〈스프링필드 리퍼블리컨〉이 죽었다고 잘못 보도한 한 남자가 신문사를 찾아와 정정해줄 것을 요구했다. 하지만 신문사 방침 상 정정기사를 실을 수 없다는 말을 듣자, 이 남자는 "아니 내가 멀쩡히 살아있는 게 보이지 않느냐"고 따졌다. 옆에서 듣고 있던 바울스는 잠시 생각하더니 이렇게 말해주었다고 한다. "우리 신문은 정정기사를 싣지 않습니다. 하지만 당신의 경우는 그냥 넘어가기 어렵겠군요. 우리 신문의 출생난에 당신 이름을 실어서 당신을 다시 살려내도록 하겠습니다."

바울스는 타고난 저널리스트였고, 〈스프링필드 리퍼블리컨〉은 경쟁력 있는 기자를 길러내는 기자 사관학교였다. 〈스프링필드 리퍼블리컨〉에서 일하며 바울스로부터 교육받은 기자로는 훗날 〈뉴욕타임스The New

York Times〉편집국장으로 40년간이나 재직했던 찰스 R. 밀러도 있다. 밀러는 다우와 같은 해(1872년) 〈스프링필드 리퍼블리컨〉에 입사해 다우와 같은 해(1875년)에 떠났는데, 그 역시 베테랑 기자로 성장한 다음 다우와 마찬가지로 뉴욕으로 건너가 이름을 날렸다. 어쨌든 다우가 젊은 나이에 바울스를 만난 것은 행운이었다고 할 수 있다. 적어도 바울스 아래서 혹독한 훈련을 거친 다음 그의 추천을 받아 다른 신문사로 진출한 기자치고 실패한 경우는 없었기 때문이다.

사회부 기자 찰스 다우

〈스프링필드 리퍼블리컨〉은 당시 정치 분야에 강한 신문이었고, 바울스는 비판할 일이 있으면 상대가 누가 됐든 절대 물러서지 않았다. 그는 특히 그랜트 행정부의 권력남용과 부패 문제를 끈질기게 물고늘어졌고, 다니엘 드루나 제임스 피스크 같은 월 스트리트의 유명한 투기꾼들을 강하게 비난했다. 다우는 이런 신문사 분위기에서 정치와 금융 분야에 대해 많이 익혔고, 시야도 넓힐 수 있었지만 그가 일한 부서는 사회부였다. 당시 〈스프링필드 리퍼블리컨〉의 사회부에서는 "스프링필드 권역(Springfield and Vicinity)"이라는 지면을 매일같이 만들었는데, 여기에는 온갖 자질구레한 사건 사고를 비롯해 날씨와 코네티컷 강의 수위, 최근의 교회 설교 내용에 관한 기사가 실렸다.

　다우는 곧 〈스프링필드 리퍼블리컨〉에서 가장 유능한 기자 중 한 명으로 꼽혔다. 그가 취재차 스프링필드 거리를 활보할 때면 큰 키 덕분에 많은 사람들이 그를 알아봤고, 그 역시 사회부 기자였던 만큼 스프링필드에서 살아가는 이런저런 인물들과 가깝게 지냈다. 비록 말수가 적고 붙임성 없는 성격이었지만 그는 믿을 수 있는 기자로 통했고, 사람을 사귀고 취재원과 친밀해지는 데는 남들보다 뒤떨어졌지만 끈질기게 물고늘어져 깊이 있고 신뢰할 만한 기사를 써내는 데는 그를 당해낼 기자가 없었다.

다우는 바울스로부터 절대로 포기하지 않는 결의와 끈기, 인내를 배웠을 뿐만 아니라 무엇보다 그의 독특한 기사 스타일을 이어받았다. 군더더기 하나 없는 간결한 문체에 감정을 배제한 냉정하면서도 직설적인 문장, 신랄하지만 때로는 유머가 느껴지기도 하는 기사가 바로 그것이었다. 바울스는 또 기사를 쓰면서 아주 날카로운 경구(警句)를 즐겨 사용했는데, 다우 역시 〈월스트리트저널〉에서 자신의 칼럼을 쓰면서 이런 경구를 자주 썼다. 바울스는 특히 〈스프링필드 리퍼블리컨〉에서 일하는 모든 기자들이 자신과 같은 스타일로 기사를 작성하도록 요구했고, 누구도 기사에 자기 이름이나 개인 주장을 쓰지 못하도록 했다. 그래서 바울스가 편집국장으로 있던 시절 〈스프링필드 리퍼블리컨〉에 실린 기사는 누가 작성했는지 도저히 구분해낼 수 없을 정도라고 한다. 당연히 다우가 〈스프링필드 리퍼블리컨〉 기자 시절 쓴 기사 역시 하나도 찾아낼 수 없다.

다우가 바울스 밑에서 배운 또 한 가지 중요한 교훈은 선거에서의 중

립이었다. 바울스는 당시 공화당을 이끌어가는 영향력 있는 인물 중 한 명이었지만, 1872년 대통령 선거전에서 찰스 프랜시스 애덤스 상원의원을 지지했다가 참담한 패배를 당했는데, 다우는 그가 겪은 수모를 바로 곁에서 지켜볼 수 있었다. 그래서 다우는 훗날 〈월스트리트저널〉을 창간한 뒤 대통령 선거에서 일체 누구도 지지하거나 지원하지 않았으며, 이 같은 전통은 〈월스트리트저널〉이 1928년 허버트 후버를 지지하기 전까지 계속 이어졌다.

다우는 1875년 스물넷의 나이에 스프링필드를 떠나 로드아일랜드 주 프로비던스로 향했다. 어느새 그는 당대 최고의 기자 밑에서 훈련 받은 노련한 기자가 돼 있었다. 다우가 왜 〈스프링필드 리퍼블리컨〉를 떠났는지는 알 수 없지만, 그의 성격상 사회부에서 다루는 "매일매일이 비슷하고 해가 지나도 똑같은" 사건 기사보다는 좀더 진지하고 의미 있는 기사를 쓰고 싶어했을 것은 분명하다. 프로비던스에서는 또 한 명의 스승이 그를 기다리고 있었다. 다우는 여기서 새로운 삶의 전기를 맞는다.

2
프로비던스 시절

찰스 다우에게 프로비던스는 제2의 고향과도 같은 곳이다. 아니 어쩌면 그 이상일지도 모른다. 그의 가족들, 그러니까 아버지와 어머니, 어려서 죽은 두 형제 모두 스털링의 시더 스윔프 공동묘지에 묻혀 있지만 다우의 묘는 프로비던스에 있다는 사실만 봐도 그렇다. 다우는 자신이 태어나서 자란 스털링이나 훗날 〈월스트리트저널〉을 창간해 저널리스트로서 그의 성가를 날렸고 결혼도 하고 마지막 순간 눈을 감은 곳이기도 한 뉴욕보다 프로비던스를 더 사랑했다. 그가 프로비던스에서 살았던 기간은 불과 5년도 채 안 되지만 이 시기는 그의 인생에 결정적인 전환점이 되어주었다. 이제 그 과정을 살펴보자.

　다우는 프로비던스로 건너온 1875년부터 〈프로비던스 스타The Providence Star〉의 야간 에디터(night editor)로 일하기 시작했다. 〈프로비던스 스타〉는 당시 이 지역의 군소 신문사 가운데 하나였던 프로비던스 프레스 컴퍼니가 발행하는 조간지였고, 이 신문사가 발행하는 석간지로는 〈프로비던스 이브닝 프레스The Providence Evening Press〉가 있었는데, 다우는 이곳에 근무하던 1877년까지 두 신문에 기사를 다 썼다.

그 시절 일부 유력지를 제외하고는 대부분의 신문사가 조간과 석간 기자를 따로 구분하지 않고 함께 근무하도록 하는 게 관행이었다. 다우가 근무하던 무렵에도 시드니 딘 목사가 〈프로비던스 스타〉와 〈프로비던스 이브닝 프레스〉의 편집국장을 겸직했다. 그래서 조간에 실렸던 기사가 석간에 실리고, 석간에 실렸던 기사가 다음날 조간에 실리는 게 통상적인 일이었는데, 때로는 두 신문에 게재되는 날짜가 며칠씩 차이가 나기도 했다. 어쨌든 다우는 조석간 두 신문에 모두 기사를 쓰면서 꽤 바쁜 나날을 보냈을 게 틀림없지만, 아쉽게도 그가 받는 급여는 형편없는 수준이었다.

그 무렵은 1873년 9월 18일의 '블랙 서스데이'(검은 목요일, 뉴욕증권거래소는 이때 사상 처음으로 휴장에 들어갔다)를 계기로 확산된 공황의 여파로 신문사 경영도 무척 어려운 시절이었다. 딘 목사는 불황을 타개하기 위해 비용을 최대한 줄이는 긴축 경영을 강조했고, 많은 기자들이 신문사를 떠났다. 다우 역시 1877년에 그만두었다.(결국 〈프로비던스 스타〉는 1877년에, 〈프로비던스 이브닝 프레스〉는 1884년에 각각 문을 닫았다.)

다우는 곧바로 프로비던스에서 가장 영향력 있는 신문이었던 〈프로비던스 저널The Providence Journal〉을 찾아갔는데, 더 많은 보수를 받기 위해서가 아니라 자신이 쓰고 싶은 기사를 마음껏 취재하고 싶어서였다.

당시 이곳 편집국장은 당대의 뛰어난 저널리스트 중 한 명이었던 조지 W. 다니엘슨이었다. 다우가 〈프로비던스 저널〉에 입사한 과정은 지금도 인구에 회자되고 있을 정도로 무척 흥미롭다. 그 무렵 "다니엘슨의 오른 팔"로 불렸던 존 W. 바니는 다우가 어떻게 해서 〈프로비던스 저널〉에 근무하게 됐는지 이렇게 썼다. "그는 다니엘슨 씨를 찾아와 최근 2주 동안 그가 쓴 기사들을 보여주었다. 그는 자타가 공인하는 기자 사관학교인 〈스프링필드 리퍼블리컨〉 출신으로 바울스 밑에서 훈련 받은 베테랑 기자였다. 그는 다니엘슨 씨에게 자신이 어떤 대우를 받고 있는지 설명했고, 〈프로비던스 저널〉에서 일할 수 있게 해달라고 했다. 다니엘슨 씨는 말하기를, 자기 역시 충분한 보수를 줄 수는 없다고 얘기했다. 그러자 다우는 보수를 줄 필요는 없다면서, 자신은 뉴스를 알고 있고, 그저 바깥에 나가 취재를 해서 〈프로비던스 저널〉에 기사를 쓰고 싶다고 말했다. 그날부터 뉴욕으로 떠날 때까지 다우가 쓴 기사는 〈프로비던스 저널〉의 지면을 아주 멋지게 빛내주었다."

두 번째 스승 다니엘슨

다니엘슨은 찰스 다우의 저널리스트 인생에서 두 번째 스승이었다. 다니엘슨은 골수 뉴잉글랜드 인이라는 별칭답게 불굴의 의지와 넘쳐나는 열정으로 자신의 길을 개척한 언론인으로 유명했다. 그는 어떤 어려움에도 굴복하지 않았고, 한번 넘어지면 더 한층 강해진 의지력으로 일어섰다. 그는 열네 살이라는 어린 나이에 코네티컷 주 다니엘슨에 있는 마을 인쇄소에 들어가 죽는 날까지 40년간 인쇄업과 신문사 사업에 전념했다.

다우와 마찬가지로 농부의 아들로 태어난 다니엘슨은 어려서부터 부지런했고, 책 읽는 것을 제일 좋아했으며, 늘 손에서 책을 놓지 않았다. 그는 다니엘슨 마을 인쇄소에서 인쇄 기술을 배운 뒤 16세 되던 해인 1845년 프로비던스로 건너갔는데, 그 후 잠시 뉴욕에서 식자공으로 일하기도 했으나, 뉴욕 생활이 체질에 안 맞아 프로비던스로 돌아왔다. 1848년에는 열아홉 살 나이로 코네티컷 주 웨스트 킬링리에서 발행되던 〈뉴잉글랜드 어리너The New England Arena〉의 편집국장을 맡기도 했다. 그가 편집국장에 임명되자마자 처음으로 쓴 글에는 나이답지 않은 용기와 기백이 담겨있다. "우리는 〈뉴잉글랜드 어리너〉를 발행하면서 정직하게 돈을 벌 것입니다. 이 목적을 달성하는 데는 지난한 고통이 따르겠지만, 그래도 우리는 거기서 보람을 얻을 것이며 그렇게 해나갈 생각입니다."

그의 굳은 결의에도 불구하고 〈뉴잉글랜드 어리너〉는 문을 닫고 말았다. 다니엘슨은 다시 프로비던스로 돌아왔다. 그는 곧바로 로드 아일랜드 주에서 민주당 계열 신문사로는 영향력이 가장 컸던 〈데일리 포스트The Daily Post〉에 들어가 부에디터로 근무한 뒤 〈프로비던스 데일리 트랜스크립트The Providence Daily Transcript〉의 에디터를 거쳐 마침내 1859년 서른 살 나이로 〈프로비던스 이브닝 프레스〉를 창간했다. 그는 〈뉴잉글랜드 어리너〉에서의 참담한 실패를 되풀이하지 않기 위해 한층 더 열심히 일했고, 때마침 남북전쟁까지 발발하자 〈프로비던스 이브닝 프레스〉의 발행부수는 1862년에 1반 부를 돌파하기도 했다. 그는 이 무렵 〈프로비던스 이브닝 프레스〉를 팔고 1863년 〈프로비던스 저널〉의 지분을 매입했다. 그는 한 달도 안 돼 자매지 〈프로비던스 이브닝 블러틴 The Providence Evening Bulletin〉을 새로 창간해 1884년 죽기 전까지 두 신문의 편집국장 겸 발행인으로 일했다.

〈프로비던스 저널〉은 〈스프링필드 리퍼블리컨〉과 마찬가지로 상업적으로 휘둘리지 않는 영향력 있는 신문이었고, 다니엘슨은 바울스만큼이나 두려움 없이 하고 싶은 말을 마음대로 하는 성격이었다. 다니엘슨은 또한 능력 있는 편집자였을 뿐만 아니라 신문사 운영과 관련해 구석구석까지 두루 파악하고 있는 뛰어난 경영자이기도 했다. 그는 신문의 모든 지면을 세심히 살폈고, 1면 머리기사부터 한 줄짜리 단신까지 꼼꼼히 다 챙겼다. 독실한 기독교인으로 지역 공동체의 리더였지만 신문사 직책 이외의 공직은 일체 맡지 않았다. 그의 하루 일과는 무척 고단했는데, 아침 10시에 신문사로 출근해 〈프로비던스 이브닝 블러틴〉이 인쇄에 들어가는 오후 4시에 집으로 가서 저녁식사를 한 다음 저녁 7시에 다시 회사로 나와 〈프로비던스 저널〉이 인쇄에 들어가는 새벽 3시까지 자리를 지켰다.

그는 바울스와 마찬가지로 자신의 삶을 송두리째 신문에 바쳤지만, 바울스와 달리 편집국 업무뿐만 아니라 신문사 경영에서도 탁월한 능력을 발휘했다. 그러나 그 역시 놀라운 인내력으로 기사의 한 문장 한 문장에 매달린 보수적이고 전통적인 편집자였다. 그는 무엇보다 자신이 기사의 표준을 만들어가고 있다는 점을 의식했고, 일류 신문의 정통성을 지켜야 한다는 책임감을 갖고 있었다.

역사적 시각을 가졌던 기자

다우는 이런 인물 밑에서 3년간 일하면서 틀림없이 많은 것을 배웠을 것이고 큰 영향을 받았겠지만, 그가 다니엘슨으로부터 정확히 어떤 것을 배웠으며 얼마나 많은 영향을 받았는지에 대해서는 아무런 기록도 없다. 그러나 무엇보다 중요한 사실은 다우가 나이 서른도 되기 전에 당시 뉴잉글랜드 지역에서는 최고의 언론인이었던 바울스와 다니엘슨의 밑에서 각각 3년씩 일했다는 점이다. 이때의 경험은 당연히 훗날 〈월스트리트저널〉을 창간하고 편집국장 겸 발행인으로 일하는 데 엄청난 도움이 됐을 것이다. 그러면 다우가 〈프로비던스 저널〉에서 기자로 활동하던 모습을 앞서 인용했던 존 바니의 글을 통해 좀더 살펴보자. "다우의 기사는 〈프로비던스 저널〉에서 아주 돋보이는 것이었다. 무척 신중하면서도 공을 들여 연구한 내용인 데다 하루살이 기사와는 차원이 다른 역사적 시각을 지니고 있었고, 요즘 신문에서 많은 지면을 차지하고 있는 특별 취재 기사와 특파원 기사의 선례를 제공했다. 그는 여러 지면에 나뉘어 실릴 조각조각의 뉴스들을 한데 모아 기록으로 남길 남한 큰 가치가 있는 한 면짜리 기사를 만들어낼 줄 알았다. 그가 일상적으로 쓰는 매일매일의 기사도 대부분 독창적인 내용을 담고 있었다."

그러나 안타깝게도 이 시절 찰스 다우가 쓴 기사를 찾아서 읽어보기란 쉬운 일이 아니다. 우선 1870년대까지는 신문사 관행상 바이라인(by-line, 기사를 쓴 기자 이름)을 달지 않았기 때문에, 다우가 〈프로비던스 저널〉에서 일했던 1877~1879년 사이 그의 기명기사는 하나도 없다. 다행히 1916년에 작성된 〈프로비던스 저널〉 뉴스 인덱스에서 특별 취재 기사를 작성한 기자를 명기해두었고, 한편으로는 신문에 실린 기사를 그 후 소책자 형태로 발행할 때는 기자 이름을 밝혔다. 〈프로비던스 저널〉 시절 다우가 쓴 기사 가운데 이렇게 해서 확인할 수 있는 가장 오래된 것이 1877년 4월 23일자에 실린 "우리들의 증기선(Our Steamboats)"이다. 이 기사는 다우의 역사적 시각이 담겨 있다는 점에서 주목할 만한데, 나중에 "뉴욕과 프로비던스 간의 증기선 운항 역사"라는 제목으로 삽화와 함께 소책자에 실리기도 했다.

"우리들의 증기선"

이 기사에서 다우는 1792년에서 1877년 사이 롱 아일랜드 사운드와 내러갠섯 베이 간을 오간 증기선 운항의 역사를 추적했다. 여기서 그는 1800년대 초의 운송 산업 전반을 다루었는데, 초창기 철도회사를 비롯해 역마차와 정기 화물선 기업까지 취재했다. 물론 기사의 중심은 프로비던스였지만, 당시 수송망이 보스턴과 뉴욕까지 이어져 있었기 때문에 자연히 뉴잉글랜드 남부권 전역의 역사를 설명해주고 있다. 특히 다우는 이 기사에서 단순히 선박의 항해와 관련된 문제뿐만 아니라 운송회사들간의 경쟁과 성장과정까지 다뤘다. 기사를 잘 읽어보면 당시 경제에서 운송 산업이 차지하는 역할을 다우가 얼마나 중요하게 여기고 있었는지 알 수 있는데, 그의 이 같은 생각은 나중에 다우존스 지수를 창안하면서 철도 지수를 따로 만들고, 지금도 운송 지수를 별도로 발표하고 있는 데까지 그대로 이어졌다.

다우는 정기 화물선과 증기선 회사 간의 치열한 경쟁, 역마차 노선과 증기선 노선 간의 생사를 건 싸움, 철도 노선을 가진 증기선과 철도 노선이 없는 증기선 간의 우열이 어떻게 벌어졌는지를 경제적으로 고찰했다. 즉, 증기선 산업을 단순히 증기선 회사만의 문제로 보지 않고 한 나라 경제를 움직이는 운송 시스템이라는 차원에서 바라본 것이다. 이런 시각이 있었기에 새로이 부상하는 산업과 저물어가는 사양 산업 간의 대조라든가 독점 기업의 이점, 시장 확보를 위해 동원한 온갖 수단들을 차근차근 설명해나갈 수 있었던 것이다.

이 기사에서 특히 재미있는 부분은 프로비던스와 보스턴을 잇는 역마차 노선의 경쟁이 극심해지자 어떤 일이 벌어졌는지 묘사한 대목이다. 요금 인하 경쟁이 치열하게 벌어지던 와중에 마침내 한 회사가 승객 요금을 한 푼도 받지 않겠다고 나섰다. 여기에 대응해 경쟁 기업은 요금을 무료로 하는 것은 물론이고 저녁 식사까지 공짜로 제공하겠다고 대응했다. 그러자 처음에 승객 요금을 무료로 하겠다고 했던 회사는 한술 더 떠 저녁 식사와 함께 와인 한 병까지 무료로 제공하기로 했다. 이처럼 치열한 경쟁을 벌이게 된 궁극적 이유는 시장을 독차지하려는 것이었다. 당연히 독점한 다음에는 요금을 이전 상태로 돌려놓거나 오히려 더 비싸게 받을 터였다.

머천트 스팀쉽 컴퍼니(Merchants Steamship Company)라는 기업이 왜 파산하게 됐는지를 설명한 대목도 음미해볼 만하다. 이 회사는 1866년에 증기선을 운항하는 넵튠 컴퍼니와 철도회사인 스토닝턴 레일로드 라인의 합병으로 만들어졌는데, 넵튠 컴퍼니는 합병에 앞서 경쟁사를 인수했고, 궁극적으로는 노위치 지역의 수송시장을 독점할 계획이었다. 그렇게 해서 당시로서는 거액인 200만 달러의 자본금으로 야심차게 설립된 이 회사는 그러나 뜻하지 않은 선박의 난파와 화재가 잇따르면서 파산하게 됐고, 주주들에게는 결국 1달러 당 고작 3센트의 청산금을 나눠주었다. 그러나 여기서도 경제적으로 이득을 챙긴 쪽이 있었으니, 다름아닌 인수합병을 중간에서 주선한 사람으로 5만 달러의 수수료를 받았다.

"해안 도시 뉴포트"

다우가 〈프로비던스 저널〉에 쓴 기사 가운데 또 하나 주목해야 할 것은 1879년 5월 22일자에 실린 "해안 도시 뉴포트(Newport: The City by the Sea)"다. 이 기사에서는 다우의 역사적 시각뿐만 아니라 깊이 분석하려고 하는 모습을 읽을 수 있는데, 훗날 그가 왜 "교수"라는 별명을 얻게 됐는지 알 수 있다. 다우는 우선 뉴포트의 역사를 네 시기로 구분 짓는다. 꿈 같은 전통의 시대, 상업적인 성공과 함께 화려하게 꽃피어난 시기, 타락의 세대, 마지막으로 전례 없는 발전의 반세기가 그것이다. 기사는 이처럼 학술 논문 같은 분위기가 물씬 풍겨나는 것 같지만, 다우는 서두부터 무척 흥미진진하게 기사를 써 내려갔다.

뉴포트는 지금 역사적으로 네 번째 국면에 와있다. 8세기 전만 해도 이곳은 이해할 수 없는 과거의 수수께끼로부터 헤어나오기 위해 몸부림쳤고, 전통이라는 안개 속에서 절반은 가린 채 겨우 반쯤 드러낸 상태였다. 불과 얼마 전까지 짙은 안개 속에 있던 이 섬은 마침내 태양빛 아래로 나왔다. 두 번째 국면은 그렇게 시작돼 1639년부터 독립혁명 때까지 이어졌는데, 지속적인 번영이 이 시기의 특징이었다.

세 번째 국면은 뉴포트의 경제적 번영이 쇠퇴하고 위대했던 문화도 사그라진 시기였다. 네 번째 국면은 이제 겨우 40년밖에 되지 않지만, 그 발전은 뉴포트를 되살려낼 정도로 놀라웠다. 뉴포트는 지금 현대적인 해안 도시로 어디에 내놔도 손색이 없다. 뉴포트의 멋진 날씨와 기막힌 풍경은 탄성을 자아내기에 충분하다. 이 도시의 매력은 한도 끝도 없다. 작은 오두막들도 궁전처럼 보인다. 미국 최고의 문화에 유럽의 귀족 문화를 한데 합친 것이 뉴포트의 모습이다.

다우는 역사적인 사실을 이야기하면서 곳곳에서 특유의 유머감각까지 발휘했다. 가령 베라짜노(Verrazno, 이탈리아의 탐험가로 뉴욕 맨해튼 섬을 처음으로 발견한 인물)가 이끄는 돌핀 호가 1824년 뉴포트 항으로 들어오자 많은 인디언들이 배를 구경했는데, 이들이 가장 놀라워했던 것은 다름 아닌 자신들의 모습을 비춰주는 거울이었다. 다우는 여기서 독자들에게 이렇게 전하고 있다. "뉴포트라는 도시의 (자신을 바라보는) 독특한 성격은 이때 확실히 각인돼 지금까지 이어지고 있다."

"우리들의 증기선"이 18세기에서 19세기로 이어지는 시기의 수송 산업 역사를 그려내고 있다면, "해안 도시 뉴포트"는 먼 옛날부터 오늘날까지 한 지역이 어떻게 진화해왔는지를 특유의 시선으로 관찰하고 있다. 두 기사를 잘 읽어보면 역사적 사실을 흥미롭게 재구성하면서도 과장하거나 팩트를 놓치는 법이 없다. 역사를 바라보는 다우의 시각을 읽을 수 있는 대목이다. 그러나 또 하나 분명하게 드러나는 기사 스타일이 있으니 다름아닌 경제적 문제에 대한 깊은 통찰이다. 그는 증기선 회사와 역마차 노선, 철도회사들의 치열한 경쟁을 추적했고, 뉴포트가 경제적으로 성장해나간 과정을 밀도 있게 취재했다.

찰스 다우는 두 기사에서 이미 파이낸셜 저널리즘이 무엇인지 뚜렷하게 보여주었다. 그리고 이번에는 바닷가 도시에서 마법의 도시로 건너간다. 저널리스트로서의 그의 인생은 여기서 또 한번 전환점을 맞는다.

레드빌 레터

콜로라도 로키 산맥의 아칸소 계곡 3100미터 고지에 자리잡은 레드빌은 북미 대륙에서 가장 고도가 높은 도시이자 제일 추운 도시이기도 하다. 해발 4200미터가 넘는 엘버트 산과 매시브 산을 끼고 있는 이곳은 높은 고도 덕분에 "구름의 도시"라는 낭만적인 별칭을 얻기도 했으나 찰스 다우가 찾은 1879년에는 "마법의 도시(Magic City)"로 불렸다. 워낙 추운 데다 외지고 험한 곳이어서 레드빌을 처음 방문한 사람들은 마치 다른 행성에 온 듯한 느낌을 받기도 한다. 하지만 다우는 다행히 여름이 시작될 무렵 이곳에 도착해 쌀쌀한 가을이 오기 전 떠났다.

레드빌은 다우의 저널리스트 인생에 획기적인 전기를 마련해준 곳일 뿐만 아니라 이코노미스트로서 새롭게 눈을 뜨게 해준 곳이었다. 만일 그가 이곳을 취재하러 오지 않았더라면 그저 〈프로비던스 저널〉의 잘 나가는 기자로 평생을 보냈을지도 모른다. 그러나 그는 레드빌에서 쓴 아홉 편의 심층 기사를 마지막으로 프로비던스를 떠났다. 그러고는 알다시피 뉴욕으로 가서 손꼽히는 경제 기자로 활약했고, 에드워드 존스와 함께 〈월스트리트저널〉을 창간했으며 파이낸셜 저널리즘의 새 지평을 열었다. 그런 점에서 레드빌 출장을 떠나게 된 것은 그야말로 하늘에서 떨어진 행운이었다. 하지만 단지 우연히 찾아온 행운은 아니었다. 그것은 준비된 자에게만 찾아오는 일생일대의 기회였다.

우선 레드빌이 어떻게 마법의 도시가 됐는지부터 살펴보자. 레드빌은 이름에 납(lead)이라는 단어가 붙어있지만, 이곳에서 맨 처음 발견된 것은 금이었다. 1848년 캘리포니아에서 처음으로 금광이 발견된 뒤 서부 지역은 온통 골드러시에 휩싸였고, 광맥을 찾아내려는 탐사 열기는 그 영역을 점차 넓혀 마침내 1860년 덴버에서 남서쪽으로 120킬로미터 떨어진 레드빌에서 금광의 광상을 발견하게 된다. 그러나 광산 붐이 본격적으로 몰아친 것은 그 후 은광과 납 광산이 발견되면서부터다.

다우가 쓴 기사에 따르면 그가 이곳에 도착하기 2년 전인 1877년 5월까지도 레드빌에는 제대로 된 집 한 채 없었으나 1879년 5월에는 인구가 1만8000명에서 2만 명을 헤아리게 됐다고 한다. 한마디로 상전벽해(桑田碧海)라고 할 수밖에 없는 레드빌의 이 같은 놀라운 변화는 엄청난 인구 유입뿐만 아니라 하루아침에 백만장자가 된 광산 개발자들과 미국 전역은 물론 유럽 대륙에서까지 몰려든 다양한 주민들의 갖가지 행태들로 인해 더욱 별나게 보였다. 다우가 레드빌에서 여섯 번째로 보낸 기사로 1879년 7월 7일자 〈프로비던스 저널〉에 실린 "콜로라도의 굉장한 도시(Colorado's Phenomenal City)"에서는 이렇게 설명하고 있다.

레드빌에 첫 거주민이 들어와 살게 된 것은 1877년 5월 9일이다. 이 남자는 모스키토 패스를 걸어서 들어왔는데, 도착한 첫날은 통나무 옆에서 자야 했다. 나중에 살펴보니 타다 남은 나무토막 따위는 있었지만 사람이 살았던 흔적은 없었다. 레드빌은 거친 소나무 숲에 황량하고 바위와 자갈투성이인 곳이었다. 여기에 처음 들어온 외로운 여행자 조지 알버트 해리스에 이어 로지타에서 한 명이 더 들어왔고, 7월에는 그래니트에서 두 명의 남자가 왔다.

광산 시굴자들은 이미 산속 깊숙이 들어와 있었고, 찰스 마틴은 식료품점을 열었다. 현재 콜로라도 주 부지사로 레드빌 은행장이자 리틀 피츠버그 광산의 최대 지분 소유자이기도 한 H.A.W. 테이버도 7월 중순쯤 도착해 식료품점을 개설했다. 다음 사람은 술집을 열었다. 그 뒤를 이어서는 헤아릴 수 없는 사람들이 순식간에 들어와 일일이 추적할 수도 없다. 1878년 1월 1일 무렵 500~600명에 불과했던 레드빌의 인구는 6개월 뒤 3000명으로 늘었고, 1년 후에는 1만5000~2만 명으로 불어났다.

광산붐과 광란의 돈다발

레드빌의 광산 붐에 불을 댕긴 것은 세 명의 아일랜드 출신 광산 노동자들이 발견한 캠프 버드 광산이었다. "갤러거 보이즈(Gallagher boys)"로 불렸던 이들은 거의 알거지 신세에서 한순간에 벼락부자가 됐는데, 광산을 발견하기 전날에도 빵 살 돈이 없어 얼마라도 빌리려고 했으나 거절 당했을 정도였다. 이들은 캠프 버드 광산을 25만 달러 가까운 금액을 받고 팔아버린 뒤 다시 새로운 광산을 찾으러 떠났다. "갤러거 보이즈"에 관한 이야기는 당시 레드빌을 휘감고 있던 분위기가 어떤 것이었는지 잘 말해주는데, 다우는 이를 놓치지 않았다. 그가 레드빌에서 세 번째로 보낸 기사로 1879년 5월 29일자 〈프로비던스 저널〉에 실렸던 "환상적인 여행과 함께 산맥 깊숙이 들어오다(A Wonderful Ride into the Mountains)"의 한 대목을 읽어보자.

어딜 가나 모두들 땅밑을 파헤치고 은광을 찾아낸다. 이렇게 은광을 발견하면 순식간에 가난뱅이에서 거부로 인생 역전을 이룬다. 이건 전에 볼 수 없던 새로운 광경이다. 경험 많은 광부와 지식이 풍부한 광물학자는 아무것도 보지 못한다. 무식한 노동자가 말뚝을 박은 다음 땅밑을 파내려 갔다가 하루아침에 백만장자가 돼 지상으로 나온다. 그러자 전문가들도 그들의 과학 지식을 내던져버리고 콧대 높던 캘리포니아 광부들과 함께 볼드 산에 구멍을 뚫기 시작한다. 그제서야 그들도 백만장자가 된다. (⋯⋯) (금광이 발견돼 유명해졌던 오로 시의) 계곡은 낮 동안에는 꿀벌통마냥 웅웅거리다가 밤이 되면 은은하게 비추는 달빛 아래서 거친 캠프로 변했다. 매일 밤 엄청난 판돈이 오가는 굉장한 도박장이 열렸고, 또 거의 매일같이 작은 공동묘지가 새로 생겨났다. 도박장은 목조로 지어졌고, 사람들은 맨땅바닥에 서서 도박을 했다. 광부들의 판돈은 금 가루였다. 오로 시의 광산이 밑바닥을 드러내자 도박장도 문을 닫았는데, 영리한 양키 두 명이 은밀하게 도박장의 땅바닥을 쓸어 담아 2000달러어치의 금 가루를 모았다.

캠프 버드가 발견된 뒤 잇따라 다른 광산들도 발견됐고, 1877년과 1878년에는 그 열기가 레드빌 전역으로 퍼져나갔다. 1878년에는 조지 후

크와 어거스트 리쉬가 이 지역 최대의 은 광산이 될 리틀 피츠버그 광산을 발견했는데, 이들은 광산에서 나오는 이익의 3분의 1을 주는 조건으로 호레이스 테이버에게 사업자금을 대줄 것을 요구했다. 이때 테이버가 그들에게 준 현금은 고작 17달러였지만, 이 덕분에 그는 곧 벼락부자가 될 수 있었다. 그렇게 해서 레드빌은 순식간에 "광란의 돈다발"에 파묻히게 된다. 제롬 샤피는 어느날 아침 5만 달러를 주고 뉴 디스커버리 광산의 지분 절반을 샀는데, 그날 오후 2시 테이버에게 12만5000달러를 받고 팔았다. 그는 친구인 비어스 장군에게 자기가 단 몇 시간만에 7만5000달러를 벌었다고 자랑했다. 그런데 비어스 장군으로부터 기대했던 축하의 찬사 대신 "바보 천치"라는 말을 듣자 샤피는 어안이 벙벙해졌다. 비어스 장군은 덧붙이기를, 그 광산 거래는 7만5000달러짜리 이익이 아니라 적어도 300만 달러의 손실이었다고 했다. 그래서 샤피는 리틀 피츠버그 광산의 리쉬 지분을 25만 달러가 조금 넘는 돈을 주고 샀다. 다우는 기사에서 이 금액이 26만 달러였다고 썼다. 1878년 11월에 리틀 피츠버그 광산은 다른 몇몇 자산과 합쳐져 주식회사로 설립됐는데, 자본금 규모가 2000만 달러에 달했다.(레드빌 광산 붐의 전설적인 인물이었던 테이버는 한때 연간 수입 400만 달러에 전재산이 900만 달러에 이르기도 했으나, 결국 가진 재산을 다 날리고 1899년 무일푼으로 초라하게 죽음을 맞았다.)

사실 다우가 함께 한 레드빌 출장 팀이 구성된 것은, 콜로라도 주 출신으로 상원의원까지 된 샤피가 리틀 피츠버그 광산을 전국적인 관심거리로 만들기 위해 추진한 것이었다. 이들은 특별 기차를 타고 뉴욕에서 덴버까지 간 다음 거기서부터 레드빌까지는 협궤 열차와 역마차를 타고 가야 했다. 출장 팀에는 리틀 피츠버그 주식회사의 임원 몇 명과 동부의 자본가들, 그리고 이들의 대리인이 포함됐는데, 전부들 샤피와 그의 파트너이자 덴버의 은행가였던 데이비드 H. 모팻이 광산으로 초대한 사람들이었다. 샤피는 당시 몸이 좋지 않아 긴 여행을 할 수 없는 처지였고, 그래서 모팻이 인솔자 역할을 맡았는데, 그는 훗날 콜로라도의 철도왕으로 성공해 엄청난 거부가 됐다. 레드빌 출장 팀에는 이번 출장을 계기로 다우와 가까워져 평생 절친하게 지낸 예일 대학교 고생물학과의 O.C. 마쉬 교수를 비롯해 철도와 광산업으로 천만장자가 된 스티븐 B. 엘킨스, 그랜트 대통령의 아들 J.R. 그랜트, 이밖에도 뉴욕증권거래소 이사장과 이리 철도의 관리책임자가 있었다.

새로운 시도, 파이낸셜 저널리즘

레드빌에서 광산이 발견되고 그 열기가 고조되기 시작할 즈음 뉴잉글랜드 지역 유력 신문사 들이 공동으로 새로운 광산을 취재하기로 했다. 다름아닌 샤피와 모팻이 출장 팀을 모으면서 기자들을 함께 데려가기로 하고, 대표적인 신문사 몇 곳에 적당한 기자를 추천해달라고 한 것이다. 〈프로비던스 저널〉 편집국에서는 최고의 적임자로 다우를 꼽았고, 그래서 다우는 〈뉴욕 트리뷴The New York Tribune〉과 〈보스턴 어드버타이저The Boston Advertiser〉의 기자와 함께 레드빌 취재에 나서게 됐던 것이다. 사실 다우로서는 프로비던스에 그냥 머물러 있었다면 평생 붙잡을 수 없었을 결정적인 기회를 포착한 셈이었는데, 그는 여기서 파이낸셜 저널리즘이라고 하는 그의 새로운 스타일을 마음껏 펼쳤을 뿐만 아니라 당시 미국의 쟁쟁했던 산업계 및 금융계 인사들과 동행함으로써 훗날 〈월스트리트저널〉을 창간할 때 큰 지원군이 되어줄 중요한 인맥을 확보할 수 있었다.

다우가 레드빌에서 보낸 레드빌 레터는 모두 9편인데, 〈프로비던스 저널〉에 실린 날짜는 제1신 "레드빌로 향하는 중에(En route for Leadville)"가 1879년 5월 26일자고, 제9신 "이곳에서 경험한 것(A Little Experience on the Range)"이 1879년 7월 30일자로 돼 있다. 레드빌 레터는 다우가 뉴욕으로 떠나기 전 〈프로비던스 저널〉에 마지막으로 쓴 기사들이다. 기사를 잘 읽어보면 그는 이미 두 명의 대기자로부터 엄격한 훈련을 받은 노련한 기자로 성장했음을 알 수 있다. 더구나 그가 도착한 시점은 레드빌의 광산 붐이 한창 피크에 이르렀을 때였기 때문에 그는 벼락 경기에 도취해있던 현장 분위기를 그대로 기사화할 수 있었다.

다우는 레드빌에서 광산업과 광산 경제에 관한 일반적인 기사만 쓴 게 아니라 일확천금을 노리고 광산촌으로 들어온 사람들의 인생유전을 담담한 라이프 스토리로 들려주었고, 광산 붐이 보통사람을 하루아침에 벼락부자로 만들어주기도 했지만 수많은 노름꾼과 부랑자, 알거지를 양산

했다는 점을 따끔하게 지적했다. 가령 레드빌에 절대로 가지 말아야 할 사람을 지적한 대목을 보자. "힘도 없고 머리도 없고 용기도 없는 수많은 사람들이 돈 한푼 안 갖고, 아무런 경험이나 기술도 없이 레드빌로 들어왔다. 이들은 모두 실패했다. 만일 이들이 뭐라도 필요한 것 하나만 가져왔어도 성공했을 것이다. 게다가 레드빌 어디를 가나 술과 도박이 사람들을 망쳐버리고 있다."

다우는 특히 광산업 역시 다른 사업과 마찬가지로 철저한 사전 준비와 조사를 한 뒤 투자해야만 성공할 수 있으며, 정직하고 현명하게 경영하는 광산회사의 주식만이 수요자로부터 가치를 인정받을 것이라고 지적했는데, 이런 대목에서는 그 특유의 경제적인 시각을 읽을 수 있다. 다우는 이제 경제적인 문제를 보다 분석적인 시각으로 바라보고 있는 것이다. 앞서 살펴봤던 기사 "우리들의 증기선"이나 "해안 도시 뉴포트"에서도 그랬지만, 레드빌 레터에서는 경제를 움직이는 동력으로서 돈줄이 어디서 어디로 흘러가는지 세밀하게 추적하고 있다. 또 전반적인 경기 사이클이 어떻게 움직이며 어떤 요인에 따라 상승하고 하강하는지 묘사하고 있다. 그런 점에서 레드빌 레터를 지명과 날짜만 바꾸면 130년도 더 지난 요즘의 현대적인 투기 열풍에도 그대로 들어맞을 정도다. 다우가 레드빌에서 보낸 제6신으로 〈프로비던스 저널〉 1879년 7월 7일자에 실렸던 "콜로라도의 굉장한 도시"에는 광산 붐이 이 지역의 기업 및 금융업뿐만 아니라 부동산 투기와 임대료 상승에 이르기까지 얼마나 큰 영향을 미쳤는지 아주 흥미롭게 전해주고 있다.

물론 대단한 성공 스토리는 광산과 관련된 것이지만 레드빌에는 광산업 말고도 돈을 벌었다는 곳은 얼마든지 있다. 광석을 제련하는 사람들은 밤낮으로 돈을 번다. 이들 가운데 한 명은 내게 이렇게 말했다. "내가 하루에 500달러를 벌지 못하면 그날로 당장 일을 그만둘 겁니다" 부동산에서도 큰돈을 벌었는데, 때로는 말도 안 되는 속임수로 한몫을 챙기기도 했다. 부동산 가격이 폭등하기 시작하자 갖고 있지도 않은 땅과 건물을 팔아 치운 뒤 돈을 챙겨 도망친 사람들도 있었다.

그러나 합법적으로 벌어들인 이익도 엄청났다. 1878년 내내 수많은 사람들이 레드빌로 몰려들었고, 이들에게는 음식과 옷, 집이 필요했다. 무엇이든 팔 것만 있다면 누구나 받고 싶은 값을 부를 수 있었다. 가장 큰 문제는 장사를 할 장소를 구하는 게 어렵다는 점이었다. 요즘 레드빌에는 빌릴 만한 집 한 채, 가게 하나도 없는 형편이다. 어떤 가게들은 한 곳에서 대여섯 가지 장사를 하고 있고, 그저 가게 앞쪽 창문 하나만 빌릴 수 있어도 대만족이다. 텐트 하나를 빌려 장사하는 한 사람은 한 달 임대료로 100달러를 낸다. 버라이어티 쇼를 하는 극장은 손님을 받기 위해 허름한 건물에다가 한 달에 1500달러를 내고 있다.

누구든 레드빌에서 1년만 지내보면 기막힌 성공담을 수없이 들을 수 있을 것이다. 상당한 금액의 돈을 갖고 레드빌로 들어온 한 사나이의 이야기를 들어보자. 이 남자는 하릴없이 도시 이곳 저곳을 돌아다니기만 했고, 결국 어느날 그의 주머니에는 단돈 2달러50센트밖에 남아 있지 않게 됐다. 그는 자신이 가진 돈을 전부 투자해 사과를 샀다. 그리고는 사과를 팔아 하루 사이에 돈을 4배로 만들었다. 다음날에도 그렇게 벌어 그의 돈은 또 4배가 됐다. 그런 식으로 4배 장사를 몇 번 하자 순식간에 과일과 과자를 파는 번듯한 가게 주인이 될 수 있었다.

레드빌 은행은 작년 10월 드럭 스토어 안에서 영업을 시작했다. 그리고 두 달 만에 자기 소유의 멋진 벽돌 건물을 갖게 됐다. 이 은행의 자본금은 5만 달러에 이른다. 두 달 동안 이 은행을 통해 덴버와 뉴욕으로 송금한 금액은 43만3000달러, 5개월간 이 은행에 예금한 금액은 50만 달러에 달한다. 이 은행은 출납 겸 회계 전담 직원까지 두었고, 현재 8명의 은행 직원을 고용하고 있다. 마이너스 은행과 레이크 카운티 은행도 이와 비슷한 성장세를 보여주고 있다.

레드빌에서의 경험은 다우에게 아주 소중한 것이었다. 비록 두 달 남짓한 기간이었지만 그에게는 무척 소중한 시간이었다. 그는 자신의 마음이 진정으로 무엇을 원하며, 자신이 가야 할 길이 어떤 것인지를 깨달았던 것이다. 그가 레드빌 레터를 마지막으로 〈프로비던스 저널〉을 떠난 정확한 이유는 아무데서도 찾을 수 없다. 하지만 그가 레드빌에서 마지막으로 보낸 기사를 보면, 광산 캠프에서 몇 주일을 함께 보낸 출장 팀 사람들이 하나같이 집으로 가고 싶어한다는 얘기와 함께 "(뉴욕의) 5번가 같은 곳도 없다"는 한 참가자의 말을 인용한 대목이 나온다. 어쨌든 다우는 앞서 수송업계를 심층 취재한 데 이어 이번에는 광산 붐의 뜨거운 열기를 현장에서 두 달 동안이나 지켜봤다. 그는 새삼 자신이 가야 할 길을 확인했을 것이다. 저널리스트의 길 말이다. 그것도 단순한 사건 사고기사가 아니라 깊이 있는 연구와 관찰, 분석이 들어있는 경제 기사를 쓰는 기자라야 했다.

하지만 〈프로비던스 저널〉에서는 이런 기사를 마음껏 쓸 수 없었다. 그가 원하는 경제 기사를 쓰려면 뉴욕으로 가야 했다. 뉴욕은 월 스트리트가 있는 곳이었다. 그러나 프로비던스에서는 베테랑 기자로 인정받고 있었지만 뉴욕에서는 아무도 그의 이름을 알아주지 않을 터였다. 그는 돌아오자마자 당시 〈선데이 디스패치The Sunday Dispatch〉(〈프로비던스 저널〉과 마찬가지로 다니엘슨이 발행하던 신문이었다)의 편집장 에디 존스에게 연락했다. 둘은 프로비던스에서 함께 신문사 일을 하며 친하게 지내던 사이였다. 존스는 다우가 〈프로비던스 저널〉에 머무르는 것에 반대했다. 그도 그럴 것이 자신에게도 꿍꿍이가 있었기 때문이다. 다우는 1879년이 저물어갈 무렵 뉴욕으로 향했다.

3
에드워드 존스

1873년 공황이 휩쓸고 지나간 뒤 월 스트리트는 고통 속에서도 새로운 모습으로 다시 태어나고 있었다. 비록 주가 폭락과 거래량 급감으로 인해 수많은 주식 중개인들이 파산하거나 사업을 접어야 했지만, 유럽 투자자들이 공황을 계기로 썰물처럼 빠져나간 자리를 미국 투자자들이 차지하면서 월 스트리트의 신흥 강자로 부상했다. 특히 공황은 생산성이 낮고 비효율적으로 운영되던 기업들을 문닫게 함으로써 미국 경제의 경쟁력은 한층 높아졌다. 자본 축적과 함께 도시화도 빠르게 진전돼 이 무렵까지 세계 최대의 농업 국가였던 미국의 도시 인구는 1880년대로 접어들자 전체 인구의 25%에 이르게 됐고, 이 수치는 1900년대 들어서는 40%까지 치솟게 된다. 또 공황에도 불구하고 철도 건설 붐은 꾸준히 이어져 남북전쟁이 끝날 무렵 3만5000마일에 불과했던 미국의 철도망은 1890년에 이르러서는 16만4000마일로 늘어나 미국 전역을 세계 최대의 단일 시장으로 통합했다.

공황의 충격에서 거의 벗어난 1878년에 뉴욕증권거래소(NYSE)에서 거래되던 상장 기업들의 면면을 보면, 전체 54개 종목 가운데 철도회사가 36개, 석탄회사가 5개, 전신전화회사가 4개, 광산회사가 3개, 증기선회사와 부동산회사가 각각 1개씩이었다. 이때까지도 월 스트리트에서는 철강이나 화학 산업에 속한 제조업 주식을 찾아보기 힘들었지만, 찰스 다우가 예측한 것처럼 1900년대 들어서는 산업주가 뉴욕증권거래소의 주도 종목으로 등장하게 된다. 다우가 원대한 꿈을 안고 뉴욕에 도착한 1880년 무렵 월 스트리트에서는 이미 금융 분야 뉴스가 상당히 전문화한 기자들의 손에 의해 쓰여지고 있었다. 이 시절 월 스트리트에서 활동한 기자들에 대해 쓴 글을 읽어보면 이런 식이다. "현재 일간지에서 월 스트리트를 담당하는 기자들은 보통 이상의 아주 탁월한 재능의 소유자들이다. 이들은 뛰어난 두뇌를 갖고 있으며 매우 성실한데, 낮 시간 동안에는 증권거래소와 금 거래소를 비롯해 월 스트리트의 이런저런 사무실들을 뛰어다니는 모습을 볼 수 있고, 가끔은 월 스트리트의 지도급 인사들과 다정하게 대화하는 모습도 눈에 띈다. 이들은 이해 당사자 모두의 이야기를 듣고, 그렇게 해서 어떤 문제나 중요한 사건에 대해 지적인 결론에 도달할 수 있는 것이다."

훗날 〈뉴욕타임스〉 경제부장으로 이름을 날린 경제 기자 알렉산더 다나 노이스는 1884년에 월 스트리트에서 기자 생활을 시작했는데, 그는

1880년대 월 스트리트에서 어떤 식으로 뉴스가 만들어졌는지 이렇게 적었다. "많은 뉴스들이 매일 같이 일상적으로 사람들에게 전달됐다. 지금도 그렇지만 그때 역시 월 스트리트에서 일하는 사람들이 현재 무슨 일이 벌어지고 있는지 알아야 한다는 데 초점이 맞춰져 있었다. 주가 티커는 시시각각 변동하는 시장의 움직임을 찍어냈다. 뉴욕 주의 법은 기업들로 하여금 순이익을 반드시 공표하도록 했다. 물론 지금보다는 그 범위나 시점이 느슨하기는 했지만 말이다. 뉴욕의 주요 은행들이 보유한 준비금의 증감은 때로 가장 중요한 뉴스가 되기도 했는데, 매주 말 어음 청산소에서 공식적으로 발표했다. 시장금리는 증권거래소에서 공시했다."

월 스트리트 진출

찰스 다우는 바로 이런 시기에 뉴욕에 첫 발을 내딛은 것이다. 이제 금융이 지배하는 세계로 깊숙이 빠져들 참이었다. 하지만 다우가 맨해튼의 남쪽 브로드웨이와 월스트리트를 처음 걸어가던 때까지는 그가 뉴잉글랜드에서 온 노련한 경제 기자라는 사실을 아무도 알지 못했다. 그 역시 믿고 기댈 사람은 거의 없는 처지였지만 그에게는 누구보다 경제 기사를 잘 쓸 수 있다는 자신감이 있었다. 더구나 그가 쓴 레드빌 레터는 이곳에서도 꽤 주목을 받았고, 그의 주머니에는 당시 출장 팀을 주선했던 제롬 샤피 상원의원으로부터 받은 추천장도 들어 있었다. 덕분에 다우는 1879년 말 〈뉴욕 메일 앤 익스프레스〉에서 광산업 담당 기자로 일자리를 잡는 데 별로 어려움이 없었다.

〈뉴욕 메일 앤 익스프레스〉는 대서양에 전신선을 깔았던 사이러스 W. 필드가 소유한 일간지로, 다우는 여기서 광산 기사 외에 처음으로 금융 시장에 관한 기사들을 썼다. 하지만 〈뉴욕 메일 앤 익스프레스〉에 근무한 지 몇 달 만에 다우는 브로드 스트리트 2번지에 있던 키어난 뉴스 에이전시로 자리를 옮겼다. 이곳의 사주인 존 J. 키어난은 J.P. 모건을 비롯한 월 스트리트의 거물급 은행가들과 전부 알고 지낼 정도의 유력 인사였는데, 나중에 정치권에 들어가 뉴욕 주 상원의원으로 활동하기도 했다.

키어난 뉴스 에이전시

키어난 뉴스 에이전시는 다우가 월 스트리트에 들어오기 10년 전부터 손으로 쓴 뉴스 속보, 즉 일종의 뉴스 소식지를 메신저 보이들을 통해 금융가에 있는 은행과 증권회사에 돌렸다. 일종의 "쪽지 뉴스"라고 부를 만했던 뉴스 속보는 카본지와 얇은 종이를 이용해 여러 장으로 등사해서 만들어졌다. 이런 등사 방식은 1870년대 초 AP(Associated Press) 통신사에서도 사용했는데, 이렇게 등사할 경우 한 번에 20장의 뉴스 속보를 찍어낼 수 있었다. 글씨는 아이보리 촉이 달린 철필로 썼다.

뉴스 속보의 발행 시간은 비규칙적이었는데, 뉴스가 있을 때마다 고객에게 전달했다. 키어난 뉴스 에이전시는 뉴욕 일간지의 금융 담당 기자들에게 본부 같은 곳이었다. 이들은 월 스트리트를 돌아다니다가 이곳에서 만나 뉴스와 가십거리들을 교환했다. 자연히 키어난 뉴스 에이전시는 이들에게 뉴스가 될 만한 정보를 제공해주고 그 대가로 새로운 정보를 받았다. 다우 역시 월 스트리트를 취재하는 동안 이곳에서 여러 기자들을 만났을 것이고, 이 과정에서 존 키어난과도 친해졌을 것이다.

월 스트리트에서 오래 활동한 베테랑 기자였던 헨리 알로웨이는 당시 키어난 뉴스 에이전시의 분위기가 어땠는지 아주 흥미롭게 전해준다. "모건 은행 같은 곳에서 무슨 발표가 있다고 하면 야단법석이 된다. 때로는 초대형 이벤트가 터지기도 한다. 하지만 대개의 경우 키어난 뉴스 에이전시의 하루는 마치 휴일에 놀이를 나온 듯한 분위기다. 뉴욕증권거래소 개장 한 시간 전에 런던의 주식 시세를 챙기고, 주말에 은행 준비금을 체크하는 식이다. 또 정기적으로 공표되는 철도회사의 순이익과 운임 변동에 주의를 기울이면 되는데, 이런 내용은 취재한다고 알 수 있는 게 아니라 공식적으로 발표되는 것이다."

분석 기사

광산주에 관한 한 이미 업계에서 노련한 기자로 알려졌던 다우가 키어난 뉴스 에이전시로 옮긴 뒤 맨 처음 한 일은 주로 분석 기사를 쓰는 것이었다. 하지만 이건 그리 오래가지 못했는데, 그도 그럴 것이 당시 키어난 뉴스 에이전시의 뉴스 속보는 대부분 실시간으로 이어지는 팩트 전달 위주의 스트레이트 뉴스였기 때문이다. 독자들 역시 메신저 보이가 무슨 대단한 금융 분석 기사를 제공할 것이라고 기대하지도 않았다. 그러나 다우의 생각은 달랐다. 키어난 뉴스 에이전시가 수입을 올리려면 일상적인 뉴스 공급이 필수적이겠지만, 독자들에게 유용한 정보를 제공해주는 것 이상으로 유용한 읽을거리를 함께 배달하는 것도 필요하다고 본 것이다. 다우는 사주인 키어난을 설득했지만, 이미 정치권에 발을 내디딘 데다 뉴스 공급 사업보다 훨씬 더 큰 광고 사업으로 무척 바빴던 키어난 입장에서는 그런 세부적인 것까지 생각하고 싶지 않았다. 그는 다우에게 그저 잘 읽히는 속보성 뉴스를 쓰면서 시간이 남으면 신규 구독자를 확보하는 데 힘쓸 것을 주문했다. 다우는 늘 상대방의 의견을 수용하는 성격이었고, 이번에도 키어난의 주문을 받아들여 뉴스 속보를 쓰는 일로 돌아갔다.

다우는 자신의 뒤를 이어 뉴욕에 입성한 에디 존스를 키어난에게 적극 추천했고, 덕분에 존스는 아무 문제 없이 키어난 뉴스 에이전시에 기자로 들어올 수 있었다. 이미 결혼한 상태였던 존스는 당시 빚에 쪼들리고 있는 상태라 하루빨리 직장을 잡아야 할 처지였다. 존스는 큰 키에 호리호리한 체격이었고, 파란 눈에 빨간 머리, 여기에 보조개가 움푹 패인 늘 웃는 인상의 사나이였다. 존스는 똑똑할 뿐만 아니라 점잖은 성품이었다. 1856년 10월 7일 매사추세츠 주 워체스터에서 태어난 존스는 브라운 대학교에 입학했으나 3학년 때 신문기자가 되기 위해 그만두었다. 그는 학생시절에도 연극 평 같은 기사를 쓰고 극장표와 식사비 정도를 받곤 했다. 그래서 〈프로비던스 저널〉로부터 정식 기자 제의를 받자 신문사에 자신의 졸업연도 등록금을 다 투자하고서 당장 들어갔던 것이다. 존스의 집안은 부유한 편이었지만 에디가 학교를 그만두는 것은 반대했다. 그의 형 역시 브라운 대학교 졸업생이었고, 여동생은 웰슬리 대학을 다녔다. 그의 가족은 하는 수 없이 동의하기는 했지만 제발 기자보다는 더 나은 직업을 가지라고 했다.

새로운 뉴스 속보 사업을 구상하다

존스는 사실 만능 재주꾼이었다. 술을 너무 좋아하는 게 탈이기는 했지만 일을 할 때는 늘 깨어있었다. 그의 아내 제넷 콩크링 존스는 남편보다 조금 뒤에 뉴욕으로 옮겨왔다. 키어난의 사업이 커지면서 존스는 점점 회사 내에서 관리 분야의 업무까지 많이 맡게 됐는데, 다우가 키어난 뉴스 에이전시의 서비스를 개선하는 방안을 제시하자 이를 귀담아 들었다. 존스 역시 그런 생각이 있었기 때문이다. 사실 존스는 뉴욕으로 오기 전 〈프로비던스 저널〉에서 일할 때 발행인 겸 편집국장을 맡고 있던 다니엘슨에게 금융 관련 뉴스만 싣는 금융면을 신설하자고 제안한 적이 있었다. 물론 금융면 편집장은 자신이 맡는다고 했다. 하지만 다니엘슨은 이 제안을 거절했고, 존스는 예의 불 같은 성격상 그냥 넘어가지 않았다. 그러나 다니엘슨이 안 된다면 어쩔 수 없는 노릇이었다. 그는 결국 〈프로비던스 저널〉에 투자한 돈을 전부 포기한 채 신문사를 그만 두었고, 다른 일자리를 알아보며 친구들과 술이나 마시고 다니다 다우의 뒤를 이어 프로비던스를 떠났던 것이다. 그런데 다우가 얘기하는 내용을 잘 다듬으면 자신이 꿈꿔왔던 계획을 실현할 수도 있을 것 같았다. 두 사람은 어느새 독자적으로 뉴스 속보 서비스를 하는 게 어떨지 이야기하기 시작했다.

존스가 금융 뉴스 사업에 대단한 재주를 가졌다는 점은 의심할 여지가 없었다. 그는 기업이 발표하는 재무제표를 누구보다 빨리 읽어냈고 그 자리에서 이해했다. 특히 철도회사의 손익계산서를 잘 읽었는데, 아무도 눈치조차 채지 못할 때 그는 손익계산서의 이면에 숨어있는 의미와 잘못된 부분들을 찾아내 주저하지 않고 폭로할 줄 알았다. 존스는 일류 금융 기자였다. 그는 다우를 좋아했고 그를 존경했다. 다우는 비록 대학 교육은 받지 못했지만 현장 경제 지식이 풍부했고 이를 바탕으로 분석 기사를 쓸 줄 알았다. 자신과 달리 술도 마시지 않았고 성실한 데다 신중하고 온화한 성격이라 함께 사업을 하면 최적의 시너지 효과를 낼 만한 파트너였다.

물론 문제는 있었다. 다우와 존스 두 사람 다 가진 돈이 별로 없었다. 또 지금 받고 있는 보수는 놓치기에는 아까운 괜찮은 수준이었다. 다우는 저축해둔 게 얼마 있었지만, 마침 결혼한 지 얼마 안 된 신혼 초였고, 존스는 한동안 계속 갚아나가야 할 빚이 있었다. 두 사람에게 자금 조달 문제는 꼭 풀어야 할 숙제였다. 그렇다고 언제까지 돈 문제를 핑계 삼아 뉴스 속보 사업을 미룰 수는 없었다. 존스는 월 스트리트의 유명한 시세조종 투기꾼이자 손꼽히는 큰손이었던 제임스 R. 킨과 상의해보는 게 어떻겠느냐고 제안했다. 다우는 일언지하에 거절했다. 그렇지 않아도 월 스트리트에 대한 일반인들의 평판이 안 좋은데, 투기 세력의 돈을 끌어들여 언론사를 만들 수는 없다는 게 다우의 신념이었다. 이건 그의 성격을 감안하면 충분히 있을 법한 일이었다. 존스는 다우가 자신의 제안을 거절하자 프로비던스에 있는 가족들한테 연락해 자금 지원을 요청할 생각까지 했다.

버그스트레서 합류하다

고민 끝에 두 사람은 찰스 M. 버그스트레서를 끌어들이기로 했다. 어차피 뉴스 속보 서비스를 시작하면 둘만으로는 힘에 부칠 터였다. 더구나 버그스트레서는 다우만큼이나 부지런했고 존스만큼이나 붙임성도 좋아 뉴욕 금융가에 취재원이 많았다. 나이는 두 사람보다 어렸지만 월 스트리트 현장 기자로 뛰기에 최적의 인물이었다. 버그스트레서는 키는 작지만 다부진 체격에 다혈질이었고, 늘 도수 높은 안경 너머로 상대방을 똑바로 쏘아보는 인상이었지만, 취재원들과는 친하게 지냈고 믿을 만한 기자로 인정받고 있었다. 그는 상대가 입을 열도록 하는데 아주 특별한 재주를 가졌다. 버그스트레서는 펜실베이니아 주 이스턴에 있는 라파예트 대학을 1881년에 졸업해 셋 중에서는 유일하게 학위를 갖고 있었다. 그 역시 다우처럼 농장에서 태어났고 무척이나 검소했다. 그가 뉴욕에 온지는 18개월도 채 되지 않았지만 벌써 저축해놓은 돈이 제법 있었다. 버그스트레서는 두 사람과 함께 하기로 하면서 다우, 존스 앤 컴퍼니에 이 돈을 투자했다.

다우, 존스 앤 컴퍼니는 월 스트리트 15번지의 금방이라도 무너져버릴 듯한 건물의 반 지하실에 처음 자리를 잡았는데, 정면으로 뉴욕증권거래소가 마주 보이는 곳이었다. 건물 입구에서 한 줄로 이어진 계단을 올라가면 다니엘슨이라는 이름의 사내가 운영하는 소다수 판매점이 있었고, 손님들이 앉는 카운터 옆으로 난 좁고 어두운 복도를 따라가면 건물 뒤쪽으로 약간 낮은 반 지하의 작은 공간이 나오는데, 이곳이 바로 다우, 존스 앤 컴퍼니의 첫 번째 사무실이었다. 한낮에도 늘 불을 켜두어야 할 정도로 어둡고, 벽이나 바닥에는 페인트 칠조차 해놓지 않은 이곳이 바로 뉴스 속보를 찍어낼 편집국이자 인쇄소였다. 사무실 한쪽에는 몇 개의 나무판자로 칸막이를 한 작은 방이 있었는데, 여기에는 다우와 그의 조수가 앉아서 일하는 책상 두 개가 놓여 있었다. 존스의 책상은 사무실 맨 끝에 있었고, 버그스트레서의 책상은 따로 없었다. 그는 아침 일찍 맨 처음 나와 존스의 책상을 사용한 뒤 첫 번째 뉴스 속보를 만든 다음에는 주로 브로드 스트리트와 월 스트리트로 취재를 나갔다. 사무실의 가운데 공간은 필경사들이 차지했고, 그 주위로 메신저 보이들이 서성거리며 뉴스 속보를 빨리 등사해 나눠주기를 기다리고 있었다.

존스는 하루종일 의자에 등을 기댄 채로 발을 책상 위에 올려놓고서 필경사들에게 계속해서 기사를 불러주었고, 한편으로는 메신저 보이들에게 지시를 했다. 존스는 평소에는 쾌활하고 여유 있는 성격이었지만 철도회사의 실적 발표 같은 큰 뉴스가 터지면 사람이 완전히 달라졌다. 그는 의자에서 일어나 발로 바닥을 탕탕 치며 늦게 들어오는 메신저 보이들에게 불같이 화를 냈다. 새로 발표된 순이익 수치가 적힌 쪽지를 들고서는 필경사들에게 빠르게 기사를 불러주고는 자신도 철필을 들고 등사지에 기사를 썼다. 그렇게 뉴스 속보가 완성되면 메신저 보이들을 불러 등사된 뉴스 속보를 몇 장씩 들려서 내보냈다. 이렇게 해서 10명 정도의 메신저 보이들이 100장이 좀 넘는 뉴스 속보를 배달하러 나가면 존스는 다시 편안한 자세로 의자에 등을 기댄 채 다리를 길게 펴서 의자 위에 올려놓았다.

8분에 한번씩 발행한 뉴스 속보

다우, 존스 앤 컴퍼니에서 존스의 지휘를 받는 메신저 보이들의 하루 일과도 만만치 않았다. 이들은 하루종일 계속해서 찍혀 나오는 뉴스 속보를 돌리기 위해 사무실과 그들이 맡은 배달처를 수도 없이 오가야 했는데, 초창기에는 하루에 열 번쯤 뉴스 속보를 발행했지만 나중에는 8분에 한 번씩 뉴스 속보를 발행해 이들은 그야말로 발이 안 보이도록 열심히 뛰어다녀야 했다. 게다가 카본지로 등사하는 뉴스 속보를 한 번만 돌리면 손이 시꺼멓게 물들기 때문에 틈날 때마다 손을 닦고 손톱 밑까지 깨

곳이 씻어야 했다. 보통 14세에서 16세 정도였던 메신저 보이들들은 하루 열 시간을 일하면 일주일에 6달러를 벌었는데, 이건 당시 뉴욕의 공장이나 상점에서 일하는 청소년들이 주급 3달러50센트 이상을 받는 경우가 드물었다는 점에서 일은 힘들었지만 꽤 괜찮은 보수였다.

존스는 뉴욕증권거래소를 담당했다. 그는 출입하자마자 월 스트리트의 트레이더들은 물론 은행가와 그 고객들과도 금세 친해졌다. 그는 특히 윈저 호텔의 바를 좋아했는데, 이곳은 "올—나잇 월 스트리트(All-Night Wall Street)"로 불리며 밤새 월 스트리트의 뉴스거리들이 모여드는 곳이었다. 존스는 또 메신저 보이들이 말썽을 일으키거나 하면 즉시 회사로 들어와 솜씨 좋게 문제를 해결하곤 했다. 존스는 거의 매일같이 밤바다 윈저 호텔로 취재를 나갔고, 일을 끝낸 다음에는 다우의 집에 들러 다음날 뉴스 속보를 어떻게 만들어갈지 상의했다.

사실 다우는 사무실에 있어도 거의 눈에 띄지 않는 편이었는데, 그가 앉은 책상 주위로 칸막이가 세워져 있기도 했지만 워낙 말이 없었기 때문이다. 그는 키가 185센티미터에 몸무게는 95킬로그램이나 나갔지만 전혀 뚱뚱해 보이지 않고 오히려 늘씬한 인상을 주었는데, 과묵한 데다 검은 구레나룻까지 길러 첫인상은 쉽게 접근하기 어려운 편이었다. 그는 자기 공간에서 가끔 나와봐야 기껏 존스에게만 몇 마디 하고는 도로 들어갔다. 필경사들이나 메신저 보이들이나 그에게 관심을 갖는 사람은 아무도 없었고, 이들은 존스를 사무실의 최고 책임자라고 여겼다.

사실 존스는 다우, 존스 앤 컴퍼니의 훌륭한 지휘자였다. 그는 뉴스 거리가 들어오면 직접 기사를 쓰거나 그 자리에서 불러주었고, 뉴스 속보가 찍혀 나오면 메신저 보이들에게 나눠주며 배달을 지시했다. 또 메신저 보이들을 교육시키는 일이나 이들에게 매주 급여를 주는 것도 그가 하는 일이었다. 존스의 훈련 덕분이든 가르침 때문이든 다우, 존스 앤 컴퍼니에서 일하는 메신저 보이들이 가끔씩 뉴스 거리를 물어오는 경우도 있었다. 가령 1884년 5월 15일의 경우 아침 일찍 발행된 뉴스 속보에서는 "지난 밤 윈저 호텔이 꽤 붐볐다. 메트로폴리탄 은행에 검사팀이 투입됐으며, 모두들 오늘 금융시장은 이 은행의 영업 재개 여부에 크게 좌우될 것이라고 보고 있다"고 썼고, 그 다음에 발행된 속보에서는 "오전 9시 현재 메트로폴리탄 은행 측은 12시에 영업을 재개할 것이라고 밝혔다"고 전했다. 그러고는 또 다시 "메트로폴리탄 은행 입구에 오늘 12시에 영업을 재개할 것이라는 공식 안내문이 붙었다"고 뉴스 속보에서 알렸다. 안내문이 붙었다는 사실은 이 은행에 뉴스 속보를 배달하러 간 메신저 보이가 보고한 것이었다.

실질적인 편집국장 존스

존스는 가끔씩 불같이 화를 내거나 흥분하는 일이 있었지만, 다급한 뉴스가 발생해 다들 어쩔 줄 몰라 할 때면 누구보다 침착했다. 물론 다우야 늘 차분한 성격이었지만, 큰 사건이 터지면 그 역시도 존스가 이런저런 지시를 내리는 것을 잠자코 지켜봐야 했다. 중요한 뉴스가 들어오면 존스는 다우마저 그의 책상에서 불러 내왔고, 버그스트레서도 취재 현장에서 들어오도록 했다. 초창기에 뉴스거리를 주로 가져오는 사람은 버그스트레서와 얼마 뒤 기자로 들어온 제임스 킹이었지만, 메신저 보이들이 월 스트리트의 루머나 이야깃거리를 보고하면 존스는 버그스트레서나 킹을 시켜 이것들을 확인하도록 했다. 버그스트레서나 킹은 그래서 늘 정시에 자기가 들르도록 돼 있는 브로드 스트리트나 월´스트리트의 취재 장소에 있어야 했는데, 만일 존스가 이들에게 연락하도록 메신저 보이를 시켰는데 그 자리에 없으면 존스는 펄쩍펄쩍 뛰었다. 그래서 월 스트리트 사람들은 당연히 다우, 존스 앤 컴퍼니는 존스가 이끌어간다고 여겼다. 그는 필경사들은 물론 메신저 보이들까지 전부 이름을 외우고 있었고, 한 명한 명 부를 때마다 남들처럼 그냥 "보이! 보이!"라고 소리치지 않고 반드시 이름을 불렀다. 메신저 보이들도 존스의 지시를 잘 따랐다. 이들은 단순히 뉴스 속보를 배달하는 데 그치지 않고 신규 고객도 확보했고 돌아다니면서 듣거나 본 뉴스거리들을 존스에게 신속하게 보고했다.

다우, 존스 앤 컴퍼니는 〈월스트리트저널〉이 처음 발행될 무렵까지 다우와 존스, 버그스트레서, 이렇게 세 사람이 사실상 다 끌고 갔다. 따라서 다우가 에디터를 맡았다고 하지만 요즘 신문사의 편집국장과는 거리가 멀고, 그나마 얼마 안 되는 편집국의 실질적인 리더는 존스였다. 다우는 구석에 칸막이로 막아놓은 공간에서 조용히 주식시장과 관련된 기사

를 주로 썼지만, 그는 이미 월 스트리트의 주요 투자은행과 증권회사에
서 다 알아주는 기자였다.

4
〈월스트리트저널〉

미국 경제가 활기를 되찾아가면서 다우, 존스 앤 컴퍼니가 자리잡은 맨해튼의 금융가 역시 호황 속에 성장을 이어갔다. 뉴욕의 월 스트리트는 이미 보스턴의 스테이트 스트리트를 제치고 미국 제일의 금융 중심지로 부상한 상태였다. 키어난 뉴스 에이전시처럼 다우, 존스 앤 컴퍼니의 주된 사업도 월 스트리트의 금융기관들을 상대로 뉴스 속보를 돌리는 일이었다.

세 사람의 역할 분담

찰스 다우와 에디 존스, 찰스 버그스트레서는 사무실로 들어와서는 금융기관들이 문을 여는 낮 시간 동안에는 번갈아 가며 취재 활동을 나갔고, 철필로 열심히 기사를 써나갔다. 이렇게 해서 뉴스 속보가 만들어져 등사가 이뤄지면 메신저 보이들은 각자 정해진 자신들의 배달처에 이 뉴스 속보를 전달했다. 날이 저물어 금융기관들이 문을 닫고 나면 존스는 월스트리트의 내로라하는 거물급 인사들이 모여드는 윈저 호텔로 밤 근무를 나갔다. 존스는 여기서 취재한 뉴스를 들고 다우가 사는 아파트를 찾아가 다음날 쓸 기사를 협의했다. 버그스트레서는 매일 아침 7시 이전에 가장 먼저 출근해 사무실 문을 열고, 그날 제일 먼저 배달할 뉴스 속보를 준비했는데 "주식 시세 요점"과 "런던 주가"가 꼭 챙겨야 할 뉴스였다.

1884년에 다우, 존스 앤 컴퍼니는 사무실 규모를 조금 확장했다. 여전히 소다수 판매점 뒤편의 작고 어두운 공간이 사무실이었지만, 한쪽 편에 나무판자로 칸막이를 한 개인 집무실을 만들어 다우와 그의 조수가 따로 일할 수 있도록 했다. 존스는 사무실 반대편 끝의 책상 하나를 차지했는데, 그는 의자 등받이에 기댄 채 발을 책상 위에 올려놓고서 기사를 불러주었다. 그러면 네다섯 명의 필경사가 철필을 들고 뉴스를 써나갔다. 필경사들이 뉴스를 다 쓰면 10명 이상의 메신저 보이들이 뉴스 속보가 등사되기를 기다렸다가, 각자 뉴스 쪽지를 들고 자신들이 배달할 곳을 향해 달려나갔다. 메신저 보이들은 필경사 별로 할당돼 있었고, 메신저 보이 한 명이 뉴스 속보를 돌리는 곳은 보통 8곳에서 12곳쯤 됐다. 버그스트레서는 1884년에 인쇄공 겸 기자로 다우, 존스 앤 컴퍼니에 입사한 제임스 킹과 함께 열심히 현장 취재 활동에 나섰고, 존스는 필경사들에게 뉴스를 불러주는 일 외에도 메신저 보이들을 지휘하는 역할도 했다.

사무실 풍경은 그야말로 전쟁터나 다름없었다. 메신저 보이들은 자기가 맡은 곳에 뉴스 소식지를 돌리고 들어오자마자 곧바로 필경사들이 써 놓은 새로운 뉴스 쪽지가 등사돼 나오는 대로 다시 달려나가야 했다. 메신저 보이들을 포함해 모두가 다우, 존스 앤 컴퍼니를 위해 악착같이 뛰었다. 가는 곳마다 뉴스 속보 구독을 부탁했고, 새로운 독자를 확보하면 별도의 수당을 받았다. 메신저 보이들은 또 은행과 증권회사에 뉴스 속보를 배달하러 갔다가 우연히 주워듣거나 목격하게 된 뉴스 거리들을 가져왔다. 1884년 8월에 발생했던 월 스트리트 뱅크의 휴업 소식은 메신저 보이가 존스에게 처음 알려준 것인데, 이 소년은 월 스트리트 뱅크가 입주해 있던 브로드 스트리트의 밀스 빌딩을 지나다가 한 남자가 은행 문을 닫는 것을 보고는 헐레벌떡 달려와 소식을 전한 것이었다. 즉시 킹과 버그스트레서가 현장으로 달려갔고, 소년이 본 것처럼 은행에 뭔가 문제가 있는 게 틀림없다는 게 확인됐는데, 이 은행은 결국 영업을 중단했다.

철도회사의 순이익 발표는 무엇보다 중요한 뉴스였다. 주요 철도회사들은 매달 실적을 발표했는데, 뉴스가 나오면 기자들은 "어닝!(earnings!)" 이라는 외침과 함께 취재에 열을 올렸다. 무엇보다 먼저 실적 발표 뉴스를 고객들에게 배달하는 게 최우선이었으므로 필경사들과 메신저 보이들도 하던 일을 전부 멈추고 순이익 뉴스에 매달렸다. 메신저 보이들을 동원해 요즘으로 치면 실시간에 버금가는 뉴스를 공급하던 업체들은 인쇄된 뉴스도 별도로 발행했는데, 그날 마지막까지 배달된 뉴스 속보의 내용이 실렸다. 다우, 존스 앤 컴퍼니도 출범 1년만인 1883년 11월부터 석간 신문인 〈커스토머스 애프터눈 뉴스 레터Customers' Afternoon News Letter〉를 발행하기 시작했고, 1885년 2월부터는 새로운 인쇄 시설로 이 신문을 찍었다.

이런 식으로 차근차근 한 걸음씩 밟아나가 〈월스트리트저널〉을 탄생시키기에 이른 것이었는데, 무엇보다 다우, 존스 앤 컴퍼니가 뉴스 속보를 발행하면서 초기부터 쌓아온 신속성과 신뢰도가 있었기에 가능한 일이었다. 〈커스토머스 애프터눈 뉴스 레터〉에는 주로 그날 아침부터 뉴스 속보에 썼던 내용을 간추린 것과 오후에 더 진전된 사항, 주식시장의 그날 움직임과 앞으로 있을 금융시장의 주요 일정들을 담았다. 주식시장과 관련된 내용은 대부분 다우가 담당했다. 〈커스토머스 애프터눈 뉴스 레터〉는 처음에 뉴스 속보와 마찬가지로 철필로 써서 등사하는 형식으로 만들어졌는데, 구독자 수는 100명이 조금 넘었다. 다우, 존스 앤 컴퍼니가 원시적이나마 인쇄기를 처음 들여놓은 것은 1884년 5월이었다. 비록 수동으로 힘들게 찍어내야 했고, 또 기존의 등사용지보다 작은 가로 5인치, 세로 9인치 크기의 종이밖에는 인쇄하지 못했지만, 이제 독자들에게 더 빠른 시간에 더 보기 좋은 활자체로 뉴스 속보와 신문을 제공할 수 있게 된 것이다. 이로써 다우 존스 앤 컴퍼니도 철필로 신문을 만들던 시대와 작별을 고했다. 1884년에는 제임스 킹까지 포함해 모두 여섯 명이 뉴스 속보 기사를 썼다. 메신저 보이들은 1인당 8곳에서 12곳의 배달처가 있었다. 〈커스토머스 애프터눈 뉴스 레터〉에서 가장 인기 있는 기사는 "모닝 가십(Morning Gossip)"이라는 제목의 고정란이었는데, 주로 존스가 '올-나잇 월 스트리트'로 불리는 윈저 호텔의 바에서 밤새 수집한 이야기들을 토대로 만들어낸 것이었다.

다우존스 평균주가

1884년 7월 3일 다우, 존스 앤 컴퍼니는 처음으로 평균주가를 발표했다. 평균주가 산정은 거래가 활발하게 이뤄지는 9개의 철도주와 2개의 산업주로 했다. 이들 종목은 다우가 선정했는데, 무엇보다 시장의 추세를 제대로 반영하는가를 중시해서 결정한 것이었다. 사실 이때까지는 그냥 평균주가일 뿐이었지만, 이것을 토대로 지금과 같은 주가지수 형태의 다우존스 평균주가(Dow Jones Averages)가 나오게 된 것이다.

1885년 초에는 〈커스토머스 애프터눈 뉴스 레터〉를 찍을 수 있는 새로운 인쇄기를 브로드웨이 71번지에 있는 건물에 들여왔는데, 이로써 신문 판형은 가로 10.5인치, 세로 15.5인치로 커졌고, 2개 면을 양면으로 제작할 수 있었다. 사실 이때까지 발행된 〈커스토머스 애프터눈 뉴스 레터〉는 뉴스 속보를 보완하는 성격으로 주로 월 스트리트의 은행과 증권회사에 배달됐다. 그러나 다우, 존스 앤 컴퍼니는 이제부터 신문과 뉴스 속보를 분리해 〈커스토머스 애프터눈 뉴스 레터〉를 일반 독자를 상대로 발행하기로 했다.

〈월스트리트저널〉이 발행된 뒤인 1890년 초가 되자 다우와 존스, 버그스트레서의 역할이 분명하게 나뉘어졌고, 세 사람의 성격과 특징도 뚜렷해졌다. 다우는 주식시장의 흐름에 관한 뉴스와 시장과 관련된 해설기사들을 썼고, 덕분에 주로 증권회사 쪽에서 알아주는 사람이 많았다. 다우가 쓴 기사는 여전히 정확성과 신뢰도 면에서 높은 평가를 받았는데, 그는 단 하나의 팩트만 갖고도 그 이면에 담긴 스토리들을 풀어낼 줄 아는 탁월한 능력의 소유자였다. 이에 비해 존스는 뉴스 편집에 뛰어났고, 월 스트리트 최초의 기업 애널리스트라고 불릴 정도로 기업의 실적 발표나 재무제표 분석에 발군의 실력을 발휘했다. 존스는 밤이면 윈저 호텔로 취재 나가는 게 일과였는데, 이곳에는 월 스트리트의 거물급 인사들과 유명한 투기세력들이 다 모여들었다. 당시 다우의 집은 윈저 호텔에서 멀지 않은 이스트 56번가에 있어서 존스는 윈저 호텔에서 일을 마친 뒤 다우의 집을 들려 다음날 뉴스 속보 제작을 논의했다. 버그스트레서는 부지런히 취재하면서 발표 자료를 챙기는 한편으로 월 스트리트의 주요 인물들과 많은 인터뷰를 했다.

이들 세 사람의 스타일이나 기질도 완전히 달랐다. 다우는 건장한 체격에 겸손하고 온순한 데다 신중한 성격이었고 입을 열 때면 대학교수처럼 논리 정연하게 말을 했다. 다우는 늘 조용히 일을 했고, 목소리를 높이는 법이 없었으며, 일부러 완곡하게 이야기하는 어투가 몸에 배어 있었다. 이에 비해 존스는 동작도 컸고 말을 하면 폭풍처럼 쏟아냈으며 뉴스를 감지하는 타고난 후각을 지니고 있었다. 초창기에 존스는 저녁 무렵까지 사무실에 머물며 메신저 보이들에게 지시하는 일 따위의 회사 관리 업무를 도맡아 했지만 회사 식구들이 늘어나자 그도 바깥으로 나가 사람들을 만나면서 자신이 좋아하는 취재 활동을 벌였다. 존스가 허물 없이 만날 수 있었던 월 스트리트의 거물들 가운데는 당대 최고의 시세 조종 세력으로 손꼽혔던 제임스 킨과 주식시장 영향력이 막강했던 큰손 중의 큰손인 윌리엄 록펠러 등이 있었다.

버그스트레서는 셋 중에서 키가 제일 작고 땅딸막했지만 발군의 기억력을 소유했고, 다른 기자들이 접근하지 못하는 영역까지 뚫고 들어가는 재주가 대단했다. 그는 특히 속기 능력까지 갖춰 뉴스 속보 기자로는 정말 보기 드문 재원이었고, 다우만큼이나 취재원의 말을 정확하게 인용하는 것으로 유명했다. 버그스트레서는 또 월 스트리트에서 그를 모르는 사람이 없을 정도로 발도 넓고 붙임성도 좋았는데, 그가 말을 붙이면 나무인형도 입을 열뿐만 아니라 그것도 진실만을 이야기한다는 우스갯소리가 나왔을 정도다. 우드록이 나중에 회고하기를, 존스는 누구보다 뉴스 편집에 뛰어났으며, 다우는 셋 중에서 이론에 가장 밝은 학자 스타일이었고, 버그스트레서는 그가 보기에 최고의 기자였다.

세 사람에게 공통점이 있다면 그것은 사업에 관한 생각뿐이었지만 이들의 의견이 충돌하는 경우는 거의 없었다. 한번은 세 사람 사이에 다툼이 있을 뻔 했는데, 존스가 계속 반대해왔던 문제를 다우와 버그스트레서 두 사람이 결정해버렸을 때였다. 존스는 불같이 화를 냈지만 결국 제풀에 쓰러지고 말았다. 다우가 전혀 화를 내지도, 응수하지도 않았기 때문이다. 다우는 나중에 말하기를 자신은 "화를 내는 데 24시간이 걸리고, 화가 나면 그렇게 화가 난 상태로 있는다"고 했다.

다우는 자신의 사생활이나 사업 문제에 대해서도 어지간해서는 말을 하지 않았다. 다만 다우, 존스 앤 컴퍼니가 외부의 누구로부터도 재정 지원을 받지 않을 것이라는 점은 예외적으로 강조했다. 사실 초창기 회사 자금 사정은 썩 좋은 편이 아니었다. 우선 키어난 뉴스 에이전시보다 메신저 보이들에게 주급 1달러씩을 더 주었고, 인력과 함께 인쇄시설도 계속 늘어나 브로드웨이 71번지의 건물까지 새로 임대해야 했지만, 막상 당시 키어난 뉴스 에이전시의 주 수입원이었던 뉴스 티커 서비스를 다우 존스 앤 컴퍼니는 하지 않고 있었다. 다우는 그 무렵 뉴스 속보 공급회사들이 쓰고 있던 티커가 찍어내는 뉴스는 적으면서 무겁기만 한 구식 기계라며 새로운 티커의 사용권을 따낼 생각이었다. 하지만 이건 1897년에야 이뤄졌고 그 이전까지는 뉴스 속보와 신문 발행만이 다우, 존스 앤 컴퍼니의 수입원이었다.

클레어런스 배런과의 인연

다우, 존스 앤 컴퍼니는 1887년부터 런던 주식시장 소식과 유럽 대륙 뉴스를 직접 제공받기 시작했고, 워싱턴과 필라델피아, 시카고를 비롯한 미국 주요 도시에 프리랜서 특파원을 두고 기사를 송고하도록 했다. 또 보스턴의 뉴스 에이전시 편집인과도 뉴스 교환 계약을 맺었다. 다름아닌 일간지 〈보스턴 뉴스 뷰로The Boston News Bureau〉와 뉴스 속보를 발행하고 있던 클레어런스 W. 배런이었다. 배런은 보스턴에서 발생한 뉴스를 전신을 통해 다우, 존스 컴퍼니에 보내주고 대신 월 스트리트의 뉴스를 받기로 했는데, 이로부터 15년 뒤 다우가 배런에게 자신의 주식 대부분을 넘겨버렸으니, 배런에게 이건 단순한 제휴가 아니라 운명의 전환점이었던 셈이다.

마침내 1889년 7월 8일 월요일자로 〈월스트리트저널〉 창간호가 발행됐다. 창간 발행인 겸 에디터는 다우가 맡았고, 그는 죽을 때까지 계속 에디터로 남았다. 가로 15.5인치, 세로 20.75인치 크기의 4페이지짜리 석간 경제지였다. 각 면은 세로 4개 단으로 나뉘었고, 양쪽 바깥 부분에 있는 2개 단에는 구독 안내와 광고가 실렸다. 발행회사는 다우, 존스 앤 컴퍼니(Dow, Jones & Co.)로, 주소지는 새 윤전기를 들여놓은 브로드 스트리트 26번지로 했다. 한 부에 2센트, 연간 구독료는 5달러였고, 은행과 증권회사에는 구독료를 할인해주었으며, 광고료는 한 줄에 20센트였다. 〈월스트리트저널〉은 일요일과 뉴욕증권거래소 휴장일을 제외한 매일 오후 3시 15분, 즉 주식시장 마감 직후에 나왔다.(당시 뉴욕증권거래소는 월요일부터 금요일까지는 오전 9시에 개장해 오후 3시에 마감했고, 토요일에는 오전 9시에 개장해 오전 11시에 마감했다.)

〈월스트리트저널〉은 창간호에서 독자들에게 개인의 주관적인 의견이 아니라 사실(팩트)만을 전하겠다고 약속했다. 지령(紙齡) 1호인 이 날자 1면 머리기사, 정확히 말하자면 1면의 왼쪽에서 두 번째 단 맨 위에 실린 기사는 주식시장의 흐름을 평균주가의 움직임으로 포착한 것이었다. 분량은 아주 짧다. "1885년의 강세장은 7월 2일에 시작됐는데, 그날 거래가 활발한 12개 종목의 평균주가는 61.49였다. 상승세는 1887년 5월 18일 정점을 쳤고, 이때 12개 종목의 평균주가는 93.27이었다. 주가는 그후 약 1년간 서서히 떨어져 1888년 4월 2일 저점에 도달했는데, 이날 12개 종목의 평균주가는 75.28이었다." 그러고는 시장의 추세에 대한 설명이 이어졌다. 이 기사의 바로 아래에는 주식시장 시황이 실렸다. "약세 투기자들이 오늘 미국 주식시장의 개장 시세를 떨어뜨리기 위해 런던 주식시장에서 미리 주문을 냈다고 믿을 만한 몇 가지 이유가 있다. 이들 주문은 당연히 체결됐고, 런던은 오전 9시 30분 개장 시 약세로 출발했으며 하락세는 더 강해졌다."

신문 발행의 목적

〈월스트리트저널〉 창간호의 2면에는 앞으로 신문이 나아갈 방향에 대해 다짐하듯이 밝혀두었다. 일종의 창간사이자 신문 발행의 목적이라고 할 수 있으므로 한번쯤 읽어볼 필요가 있다. "우리는 주가와 채권가격, 시장에서 거래되는 상품가격의 변동과 관련된 매일매일의 뉴스를 처음부터 끝까지 공정하게 전달하는 것을 목적으로 한다. 〈월스트리트저널〉은 언제나 뉴스를 싣는 신문을 지향할 것이며 개인 의견을 싣는 신문이 되지 않을 것이다. 우리는 다른 언론매체에서는 찾아볼 수 없는 많은 뉴스를 제공할 것이며, 신문 지면에 실리는 시황 기사와 관련 뉴스, 시세표와 광고를 통해 빠르게 변해가는 월 스트리트의 파노라마를 정확히 전달할 것이다."

〈월스트리트저널〉의 맨 처음 발행 부수가 얼마였는지는 정확히 알 수 없으나 초창기 무렵에는 약 1500부 정도가 발행된 것으로 알려져 있다.(〈월스트리트저널〉의 발행 부수가 정식으로 집계돼 발표된 것은 다우가 세상을 뜬 다음인 1904년인데, 회사 측은 1903년의 평균 발행 부수가 1만1957부라고 밝혔다.) 다우, 존스 앤 컴퍼니는 〈월스트리트저널〉을 창간한 뒤에도 뉴스 속보를 계속해서 발행했는데, 오전 9시부터 오후 3시까지 8분마다 한 번씩 뉴스 속보를 배달했다. 회사 직원은 이제 50명으로 늘어났고, 윤전기는 1분에 200부 이상의 뉴스 속보를 찍어낼 수 있었다. 뉴스 속보의 구독료도 월 15달러에서 20달러로 인상됐다. 다우, 존스 앤 컴퍼니는 〈월스트리트저널〉을 창간하고 1년이 조금 지난 1890년 11월 회사를 브로드웨이 41번지로 옮겼다.

"월 스트리트저널"이라는 신문 제호는 버그스트레서가 지은 것이라는 게 정설이다. 다우, 존스 앤 컴퍼니는 발행 첫날부터 〈월스트리트저널〉의 배달 지역을 워싱턴 D.C.에서 몬트리올까지라고 분명히 밝혔다. 또한 미국과 캐나다는 물론 유럽에서 벌어지는 뉴스들을 충실히 전하겠다고 다짐했다. 그런데 어째서 월 스트리트라는 좁은 지역 이름을 신문 제호로 정했을까? 뉴욕도 아니고 맨해튼도 아닌, 단지 맨해튼 남쪽의 7블록 거리 지명에 불과한 월 스트리트를 말이다. 지금이야 월 스트리트가 세계 금융의 중심지로 자리잡았지만 당시까지는 런던의 금융가인 시티에 비해 한참 뒤져 있었다. 그렇지만 다우가 보기에는 이미 월 스트리트가 세계 경제의 1번지였다. 미국은 물론 유럽 대륙의 발 빠른 자본이 월 스트리트로 모여들고 있었다. 그 속도는 점점 더 빨라졌고 그 규모는 점점 더 커졌다. 이제 월 스트리트를 정확히 알지 못하면 국제 금융시장의 흐름을 읽어낼 수 없는 시대가 될 것이다. 다우는 이 점을 분명히 인식했던 것이다. 마치 철도주가 주식시장을 지배하고 있던 1898년에 일찌감치 앞으로 산업주가 시장을 이끌어갈 것이라고 내다봤던 것처럼 말이다.

초창기 분위기

몇 명 안 되는 편집국 인력으로 뉴스 속보를 8분마다 새로 찍어내고 〈월스트리트저널〉까지 발행할 수 있었던 가장 큰 원동력은 회사의 핵심인 파트너 세 사람의 헌신적인 노력이었다. 다우와 존스, 버그스트레서는 보통 하루 12시간 이상씩 일했고, 근무가 끝난 뒤에도 종종 다우의 집에 모여 밤새 회사의 사업 문제를 논의했다. 존스는 뉴스 속보에 들어갈 기사를 일일이 데스크보고 편집도 하면서 실질적인 〈월스트리트저널〉의 편집국장 역할까지 했는데, 이렇게 바쁜 와중에도 밤이면 언제나 그랬듯이 윈저 호텔로 출근해 낮 시간 동안 월 스트리트에서 벌어졌던 온갖 일들에 관해 그의 취재원들과 얘기를 나눴다. 버그스트레서는 새로 신문사에 들어온 우드록 등과 함께 월 스트리트를 취재했다.

다우는 낮 시간 동안에는 사무실에 있는 시간이 많지 않았는데, 나중에 자세히 설명하겠지만 1891년까지는 증권회사인 굿바디, 글린 앤 다우의 파트너 겸 뉴욕증권거래소의 정식 회원으로 있었기 때문이다. 개인적으로야 주식 거래를 하지도 않았고 여기서 이익을 얻을 생각도 없었지만, 그의 성격상 일단 친구를 대신해 정식 회원이 됐으니 거래소 플로어에 자주 나가 위탁 주문을 처리해주어야 했을 것이다. 이런 와중에도 다우는 〈월스트리트저널〉에 꽤 많은 글을 썼는데, 대부분 퇴근 후 집에 들어가서 쓴 것들로 사설 형식의 기사였다. 어떻게 보면 창간호에서 밝혔던 팩트 위주의 뉴스보다는 개인 의견을 담은 칼럼이었지만, 그렇다고 해서 한쪽으로 편향되거나 오로지 자기 주장만 전개한 것은 아니고 사실에 근거한 객관적이고 논리 정연한 내용이었다.

다우, 존스 앤 컴퍼니에는 1893년 여성 타이피스트가 처음으로 들어왔는데, 그녀가 맡은 또 하나의 업무는 사무실에 단 한 대뿐인 전화를 받는 것이었다. 다우가 그녀를 고용한 이유는 당시 신문사 사무실에 일상적으로 퍼져있던 문화, 그러니까 아무 농담이나 함부로 한다거나 심지어 욕지거리까지 해대는 상스러운 분위기를 좀 누그러뜨리기 위한 것이었는데, 이 여직원이 꽤 오래 근무했던 것을 보면 소기의 성과를 어느 정도 거두었을 것으로 짐작된다. 재미있는 사실은 다우, 존스 앤 컴퍼니가 전화기를 처음 들여놓은 시기가 이 여직원이 입사하기 바로 전해인 1892년으로 그 이전까지는 전화기도 없이 뉴스 속보 서비스와 신문 발행을 해왔다는 얘기인데, 요즘 언론사 같아서는 도저히 상상하기 힘든 일이다. 게다가 신문사는 무척 추워서 겨울철에는 사무실 안에서도 오버코트를 입고 있어야 할 정도였다. 윤전기 때문에 난방을 제대로 할 수 없었기 때문인데, 신문을 인쇄할 때면 윤전기의 진동이 너무 심해 난로 안에 넣어둔 석탄이 다 튀어나올 지경이라 윤전기가 멈춘 다음에야 겨우 난로를 땔 수 있었다.

은화 논쟁

사실 〈월스트리트저널〉의 창간 시점은 썩 좋은 편이 아니었다. 미국 경제는 1873년 패닉의 상처에서 거의 회복된 상태였지만 금본위제 채택을 둘러싼 은화 논쟁(Silver Question)이라는 새로운 화약고를 안고 있었다. 게다가 1889년 11월에는 당시 세계 금융의 중심지였던 영국 런던의 대표적인 투자은행 베어링 브라더스가 파산하면서 금융위기의 폭풍이 몰아쳤다. 베어링 브라더스는 아르헨티나 채권에 거액을 투자했다가 아르헨티나에서 쿠데타가 일어나는 바람에 유동성 부족으로 무너진 것인데, 이 여파로 투자자들이 베어링 브라더스가 많이 보유하고 있던 산타페 철도를 비롯한 미국 철도주들을 처분하면서 월 스트리트의 주가가 폭락했던 것이다. 그야말로 "런던이 기침을 하면 월 스트리트는 몸살을 앓는다"는 그 시절 격언이 그대로 나타난 셈이었다. 다행히 영국의 중앙은행인 영란은행이 베어링 브라더스에 구제금융을 제공함으로써 런던 발 금융위기는 조기에 수습될 수 있었다.

그러나 은화 논쟁은 그렇게 간단히 해결될 문제가 아니었다. 사실 은화 논쟁은 1893년 패닉의 가장 큰 원인이 됐을 뿐만 아니라 1896년과 1900년 대통령 선거전에서 뜨거운 쟁점으로 부각됐을 정도로 미국 경제에 엄청난 파장을 가져왔다. 〈월스트리트저널〉은 처음부터 이 문제를 주요 이슈로 다뤘는데, 다우와 존스를 비롯한 편집진의 심지 굳은 성격을 반영하듯 〈월스트리트저널〉의 논조는 그야말로 초지일관 그 자체였다. 특히 신생 신문답지 않게 〈월스트리트저널〉은 아주 강하게 정부와 의회의 미온적인 정책 대응을 비판하고, 그 무렵 국민 대다수를 차지하고 있던 농민과 광산업 종사자들의 이해에 반하는 논조를 지켜냄으로써 신문의 성격을 확실히 했다.

은화 논쟁이란 1879년 미국 연방정부가 그동안 금화와 은화를 둘 다 정식 화폐로 인정했던 이중본위제(Bimetalism)를 버리고 금본위제를 채택한 것이 발단이 돼 정치, 경제, 사회적 갈등이 폭발하게 된 것을 말한다. 금본위제에 따라 재무부는 최소한 1억 달러어치의 금을 보유하고서 태환을 요구하는 화폐 보유자에게 즉시 금을 내주도록 했는데, 이 같은 금본위제를 채택한 것은 남북전쟁 시기에 남발된 불환지폐인 그린백으로 인해 야기된 인플레이션을 잡으면서 동시에 달러화의 대외 가치를 안정시키려는 게 목적이었다. 그러나 밀을 비롯한 농산물 가격이 폭락하는 디플레이션이 야기됐고, 농민들은 금본위제 철폐를 요구하며 폭동을 일으키는 지경에 이르렀다. 의회에서는 농민들과 은광 개발자들의 반발을 무마하기 위해 셔먼 은구매법을 통과시켰는데, 이에 따라 연방정부는 매달 450만 온스의 은을 사들여야 했다. 그러나 은을 구매하느라 통화 공급이 늘어났고, 이는 다시 인플레이션 기대를 높여 달러화의 가치를 떨어뜨리는 역할을 했다. 당연히 외국인 투자자들은 미국 내 자산을 팔아 달러화를 금으로 바꿔갔고, 금이 해외로 유출되면서 통화 공급이 줄어들자 이것은 거꾸로 디플레이션 압력으로 작용했다. 금본위제로 인플레이션도 잡고 달러화의 대외 가치도 안정시키겠다는 정부의 당초 의도는 전혀 현실화되지 않은 채 국내 갈등만 증폭시키고 말았던 것이다.

〈월스트리트저널〉은 처음부터 셔먼 은구매법을 강하게 비판했다. 은구매법으로 인해 경제 문제는 더욱 악화될 뿐이며 하루빨리 개정돼야 한다고 요구했다. 결과적으로 정부의 은구매로 인한 부작용, 즉 달러화 가치와 은행들에 대한 신뢰 추락이 1893년 패닉의 결정적인 원인이 됐다.(은구매법은 결국 이해 11월 1일에야 개정된다.) 1893년 패닉을 야기한 또 하나의 발단은 필라델피아 앤 레딩 철도의 파산이었다. 당시 미국은 남북전쟁 이후 본격화한 서부 개척 열기로 철도 건설과 광산 개발 붐이 경제를 주도하고 있었다. 이로 인한 경제 확장 속도가 너무 빨라 1893년에 들

76

어서는 통화 공급량이 금 보유고를 초과할 지경에 이르렀다. 민주당 후보로는 처음으로 월 스트리트의 지원을 받아 당선된 그로버 클리브랜드 대통령은 무슨 일이 있어도 금본위제를 지키고자 했다. 그러나 경제 붐을 타고 있던 서부 지역에서는 이중본위제로 돌아가 다시 추가로 은화를 주조할 것을 요구했고, 신규 자본이 필요했던 신흥 철도회사들도 주식을 발행해 자금을 조달하기 위해서는 통화 공급 확대가 절실했다. 이런 와중에 주식시장에서 필라델피아 앤 레딩 철도가 약세 투기자들로부터 공격을 당한 것인데, 이 회사는 앞서 뉴잉글랜드 지역에 새로 철도 노선을 건설해 J.P. 모건이 주도하는 철도 노선에 대항하려고 했다가 큰 손실을 기록한 상태였다.

〈월스트리트저널〉은 이미 철도회사들의 과도한 자본 투자에 대해 꾸준히 비판적인 시각을 갖고 레딩 철도 문제를 보도해왔다. 이번 사태에 대해서도 존스와 아주 가까운 사이인 제임스 킨과 애디슨 캐맥을 레딩 주가 하락의 원인 제공자로 지목했다. 특히 2월 20일에는 뉴스 속보와 〈월스트리트저널〉를 통해 "레딩 철도 이사회가 오늘 열려 파산 신청을 할 것으로 우려된다"고 전했는데, 실제로 레딩 철도는 그날 오후 파산을 신청했다. 레딩 철도가 당시로서는 천문학적인 금액인 1억2500만 달러의 부채를 안고 무너지자 경제는 급격히 위축됐지만, 금의 해외 유출로 인해 금보유고는 오히려 줄어들고 통화 공급도 감소해 금융시장은 더욱 경색될 수밖에 없었다. 〈월스트리트저널〉은 2월 24일자에서 이렇게 지적했다. "금의 해외 유출이 급증하면서, 신뢰의 보루라고 할 수 있는 1억 달러 이상을 유지해왔던 재무부의 금보유고는 달러화에 대한 금 태환 재개 이후 가장 낮은 수준까지 떨어졌다. 자금시장은 아주 힘든 국면이 계속되고 있다."

국외로 금이 계속 빠져나가면서 달러화 가치가 급속히 떨어지자 〈월스트리트저널〉은 클리브랜드 대통령의 취임일인 1893년 3월 4일 1면 특집 기사로 금 지급을 보장하는 채권을 해외에서 발행해 문제를 해결하라고 촉구했다. 이 방안은 클리브랜드 대통령의 지지에도 불구하고 의회의 반대로 연기됐고, 디플레이션은 전국으로 확산됐다. 결국 5월 들어 주식시장은 급속하게 무너지기 시작해 7월에는 다우존스 지수가 사상 최저치를 기록하기에 이르렀다. 패닉이 몰아친 7월 26일 월 스트리트는 얼어붙어버렸고, 우량 철도주들마저 하루아침에 주가가 절반 혹은 3분의1로 주저앉았다. 뉴욕의 은행들도 예금 인출 사태로 인한 준비금 부족으로 1인당 필수 생활비 수준인 25달러만 지급했다. 〈월스트리트저널〉은 그러나 클리브랜드 행정부가 결국 자신들이 촉구한 대로 금 지급 보장 채권을 해외에서 발행해 이 문제를 해결할 수 있을 것이라고 낙관했다. 1895년 1월 〈월스트리트저널〉은 1893년 3월에 시작된 금 위기가 마침내 끝났다고 선언했다.

에디 존스의 사직

19세기의 마지막 해가 시작된 지 얼마 지나지 않은 1899년 1월 9일 존스가 아무런 예고도 없이 다우, 존스 앤 컴퍼니를 떠난다는 발표가 나왔다. 〈월스트리트저널〉은 이날 사고(社告)를 통해 이 같은 사실을 알렸지만, 더 이상 아무런 설명도 하지 않았다. 신문사 창업자 중 한 명의 갑작스러운 사임 발표가 났으니 요즘 같으면 후속 기사가 나온다거나 온갖 루머가 떠돌았겠지만, 당시 〈월스트리트저널〉은 그리 유명하지도 않았고 더더구나 다우나 존스는 아직 주목할만한 인물이 아니었다. 사실 이로부터 3년 뒤 다우가 세상을 떠났을 때 부음기사는 주요 신문에 두 문단 정도로 처리됐을 뿐이고, 존스가 1920년에 죽자 부음기사는 겨우 한 문단에 불과했다.

그래서 조용히 넘어가기는 했지만 존스가 회사를 떠난 데는 몇 가지 이유가 있었다. 아마도 성격상의 문제가 가장 컸을 것이고, 그 다음이 돈 문제였을 것이다. 사실 존스가 회사를 떠날 무렵 이미 다우의 건강은 나빠지기 시작한 상태였기 때문에 존스의 이탈은 다우에게 이래저래 큰 타격이었다. 하지만 두 사람의 극단적인 성격 차이로 인해 누구도 존스를 붙잡을 수 없었다. 존스는 본래 감정적이고 불 같은 성격이었지만, 〈월스트리트저널〉의 사실상 편집국장 역할을 하랴, 뉴스 속보 서비스를 총괄하고 메신저 보이를 관리하랴, 심지어 1897년부터 새로 추가된 티커 업무까지 관장하랴, 워낙 회사에서 중요한 역할을 다 맡고 있었기 때문에 스스로 성미를 죽여가며 일을 해왔던 게 사실이다. 그러나 가끔 그가 폭발할 때면 다우가 자기 편을 들어주기 보다는 버그스트레서와 한 편이 돼 그의 잘못을 지적했다. 두 사람은 심지어 존스의 예전 술버릇이나 그가 월 스트리트의 투기꾼들과 친하게 지내는 문제까지 들먹이곤 했는데, 존스로서는 참을 수 없는 것이었다.(존스는 다우가 죽은 뒤 〈월스트리트저널〉에 실린 그의 편지에서, 자신이 회사를 떠난 다음 다우와 아무런 앙금도 남지 않았다고 밝혔다.)

게다가 다우의 부인이 그녀의 사촌 여동생을 버그스트레서에게 소개시켜주었고, 이 둘이 1889년에 결혼한 뒤로는 다우 부부와 버그스트레서 부부 간의 모임이 잦았던 반면 자연히 다우와 존스의 관계는 소원해졌다. 더구나 다우, 존스 앤 컴퍼니 출범 후 다우의 집에서 거의 매일같이 가져왔던 심야 모임도 이즈음 없어졌다. 다우가 맨해튼에서 브루클린으로 이사하는 바람에 윈저 호텔에서 야간 취재를 끝낸 존스가 다우의 집으로 찾아가기가 힘든 이유도 있었고, 다우의 건강이 이미 나빠졌기 때문이기도 했다. 그래도 어쨌든 다우가 좀더 너그럽고 활달한 성격이었다면 존스를 껴안아줄 수도 있었겠지만 알다시피 그는 전혀 그런 사람이 아니었다.

여기에 더해 두 사람은 삶을 대하는 태도에서도 크게 달랐다. 존스는 사치와 호사를 즐기며 하루빨리 상류사회의 일원이 되고 싶어했지만 다우는 그런 허영을 경계하며 오로지 진진한 자세를 요구했다. 특히 월 스트리트에서 일하는 사람들의 생활 태도는 매우 엄격해야 한다는 게 다우의 신조였다. 많은 정치인과 종교인들, 대중매체에서 월 스트리트를 사기와 협잡이 판치는 야바위판 내지는 도박장처럼 묘사하는 것을 다우는 참을 수 없었다. 월 스트리트가 이런 오명을 뒤집어 쓴 이유 가운데 하나는 5번가의 초호화 맨션과 밤새 파티가 끊이지 않는 고급 레스토랑들, 주식으로 떼돈을 번 벼락부자들의 사치와 방탕 때문이라고 다우는 생각했다. 다우는 그래서 그의 칼럼을 통해, 주식시장은 공매도를 일삼는 약세 투기꾼이나 주가를 터무니없이 올려놓는 시세조종 세력이 움직이는 게 아니라 궁극적으로 일반 투자자들이 만들어가는 것이며, 월 스트리트는 미국 경제의 건전한 발전을 위해 반드시 필요한 곳이라고 역설했다.

존스에게 또 한 가지 불만은 급여였다. 존스가 당시 회사에서 얼마를 받았는지 정확히 알 수는 없지만, 현재 구할 수 있는 가장 오래된 기록은 다우, 존스 앤 컴퍼니가 1900년에 파트너들에게 똑같이 7500달러의 연봉과 1주 당 연 1달러20센트의 배당금을 지급했다는 것이다. 따라서 1899년 1월에 그만둔 존스도 이 정도 혹은 이보다 약간 적은 수준의 급여를 받았을 것으로 짐작이 된다. 그 무렵 물가 수준이 지금의 약 20~25분의 1정도였다는 점을 감안하면 요즘 화폐가치로 따져 연봉 15만 달러가 훨씬 넘는 것이므로 당시로서는 적지 않은 것이었지만, 존스에게는 그렇지 않았다. 그가 월 스트리트에서 어울리는 부류는 "백만 달러 내기"의 사나이로 불렸던 존 케이츠 같은 거물들이나 가진 것이라고는 돈밖에 없는 부동산 재벌, 자신이 가진 기업 주식을 팔아 거액을 챙긴 신흥 갑부들이었다. 그렇지 않아도 호사스러운 삶을 꿈꿔왔던 존스 입장에서는 그저 맨해튼의 작은 아파트에 살면서 밤이면 이들과 함께 먹고 마신 뒤 늘 계산서를 이들에게 맡기는 노릇을 참을 수 없었을 것이다.

"신문사가 해야 할 일은 기사의 질을 높이는 것"

존스는 그래서 〈월스트리트저널〉의 광고 지면을 늘려서라도 회사 수입을 확대하자는 입장이었다. 회사 수입이 늘면 당연히 파트너들에게 돌아가는 몫도 커질 것이었다. 그때까지 주로 다우가 써왔던 사설이 1면에 나갔었는데, 이걸 뒤로 넘기고 여기에 광고를 싣자는 의견도 존스가 맨 처음 내놓은 것이었다. 하지만 다우는 신문사가 해야 할 일은 사주(社主)의 부를 늘리는 것이 아니라 기사의 질을 높이는 것이라며 반대했다.(존스가 그만둔 뒤 1면의 사설은 2면으로 옮겨졌으나 1면의 광고 지면은 오히려 줄어들었고 대신 스트레이트 뉴스가 폭넓게 더 확충됐다.)

결국 존스는 다우, 존스 앤 컴퍼니를 떠나 제임스 킨의 사위가 운영하는 증권회사로 옮겨갔다. "월 스트리트의 백여우"라는 별칭까지 따라다닌 킨은 이 무렵 주식시장에서 가장 막강한 시세조종 세력이자 작전의 명수였는데, 마침 이때가 그의 전성기였다. 1901년만 해도 노던 퍼시픽 철도 주식을 둘러싸고 매집 경쟁이 벌어졌을 때 킨은 당대 최고의 은행가였던 J.P. 모건의 요청으로 매집 작전을 주도했고, 그때까지 사상 최대 규모인 10억 달러의 자본금을 끌어 모은 U.S. 스틸의 주식을 처분할 때도 역시 J.P. 모건의 요청으로 시장을 활발하게 조성해 주식을 팔 수 있도록 했다. 그렇지 않아도 킨의 손에서 나오는 거래 주문이 엄청났었는데, 이런 작전 요청까지 더해졌으니 킨의 밑에서 일한 존스는 틀림없이 막대한 수입을 올렸을 것이다. 그리고 그가 원했던 대로 부유하게 살았다. 하지만 언론인으로서의 생명은 이것으로 끝이었다. 존스는 1920년 프로비던스에서 뇌일혈로 세상을 떠났다. 그는 회사 이름과 주가지수에 자신의 이름을 남겼고, 다우보다 더 오래 살았지만 누구도 다우만큼 그를 기억해주지 않는다.

더구나 존스가 오랫동안 사실상의 편집국장 역할을 했던 〈월스트리트저널〉은 그가 떠난 뒤 오히려 새로운 변화의 바람을 일으킨다. 존스가 다우, 존스 앤 컴퍼니를 그만둔 지 이틀 만에 〈월스트리트저널〉은 2면 사설로 주목할 만한 내용을 싣는다. 이번 강세장을 이끌어가고 있는 주체는 대중들이며, 주식시장의 모습과 투기의 성격이 이렇게 변한 것에 주목해야 한다는 것이었다. "이제 프로 투기자들이 시장을 움직이던 시기는 끝났다. 대중들의 힘은 아주 강력해졌으며, 대중들이 이 힘을 사용해 주가를 끌어올리거나 내리려고 했을 때는 이 조류를 돌리려는 어떤 세력의 시도도 실패로 돌아가고 말았다. 문제는 과연 대중들이 지금과 같은 낙관론을 계속 가져갈 것이며, 대중들의 매수 열기에 영향을 미칠 시장 전반의 요인이 금방 나타날 것 같으냐다."

바이라인은 물론 없었지만 이건 누가 봐도 다우가 쓴 글이었다. 기본적으로 시장을 움직이는 힘은 대중에게서 나온다는 게 다우의 신조였다. 반면 존스의 생각은 이와 대척점에 있었다. 그는 월 스트리트의 메이저 플레이어들, 즉 공매도와 매집을 주도하는 시세조종 세력과 누구보다 정보가 빠르다고 자부하는 프로 트레이더들과 친했고, 이들이 주식시장을 좌우한다고 봤다. 이들에게서 시장이 돌아가는 뉴스를 취재했으니 존스로서는 지극히 당연한 시각이었다. 그러나 존스가 사라지자 〈월스트리트저널〉의 논조가 새롭게 바뀐 것이다. 그러나 이것은 시작에 불과했다.

5
파이낸셜 저널리즘

우리는 지금 1899년이라는 해에 도달해 있다. 1899년은 다우, 존스 앤 컴퍼니가 〈월스트리트저널〉을 발행하기 시작한 지 꼭 10년을 맞는 해였다. 연초 벽두부터 창업자 중 한 명이자 회사의 핵심 인력이었던 에드워드 존스가 떠나버렸지만 다우, 존스 앤 컴퍼니에서는 새로운 변화의 기운이 느껴지고 있었다. 무엇보다 〈월스트리트저널〉의 발행부수가 1만 부를 넘어서면서 신문의 주 독자층을 새롭게 할 필요가 있었다. 종전까지는 뉴스 속보 서비스든 신문이든 월 스트리트의 투자은행과 증권회사가 주된 독자들이었고, 회사 입장에서도 이들을 타깃으로 해서 뉴스 속보와 신문을 제작해왔지만 어느새 보다 광범위한 독자층이 형성되고 있었다. 그리고 이것은 주식시장을 움직이는 힘이 다름아닌 대중들에게서 나온다는 찰스 다우의 철학과도 일맥상통하는 것이었다.

　〈월스트리트저널〉은 이해 3월 9일자에서 이 점을 분명히 했다. "지난

18년간 월 스트리트에서 뉴스 서비스를 해오는 동안 우리는 정확성과 신뢰성, 신속성, 독립성에서 확실한 표준이었다. 대중들이 〈월스트리트저널〉을 선호한다 해도 그것이 뚜렷이 드러나지 않으면 아무 소용도 없다. 그런 점에서 우리가 지금까지 받아온 성원은 우리의 노력이 성공했음을 입증해주는 것이다. 우리는 〈월스트리트저널〉이 앞으로 더 나아지기를 바라고 기대하지만, 그러기 위해 우리는 늘 정확성과 독립성이라는 두 가지 소중한 가치를 지켜나갈 것이다."

존스가 그만둔 뒤 〈월스트리트저널〉은 여러 면에서 달라지고 있었다. 일련의 지면 개편 작업에 따라 북 칼럼이 신설되는 등 문화면이 늘어났고, 오피니언 페이지도 강화됐다. 특히 언제든지 독자들이 참여할 수 있도록 했는데, 주식시장 상황에 궁금증이 있을 경우 반송봉투와 우표를 동봉해서 신문사로 보내오면 답을 해주었다. 이런 변화는 당연히 다우가 주도한 것이었지만, 이즈음 다우에게는 존스의 사직만큼이나 가슴 아픈 일이 연달아 일어났다. 1899년 3월 18일에는 예일 대학교 고생물학과 교수 O.C. 마쉬가 죽었는데, 마쉬 교수는 다우가 〈프로비던스 저널〉 기자 시절 레드빌 광산에 취재가면서 처음 만나 20년간 친하게 지내왔던 인생 선배였다.(다우보다 스물 살 많았던 마쉬 교수는 월 스트리트의 거물 은행가였던 조지 피바디의 조카이자 상속자였다.) 이로부터 한 달 후인 4월 10일에는 리틀 피츠버그 광산에 투자해 거부가 됐던 호레이스 테이버가 사망했다는 소식이 덴버에서 전해졌다. 테이버 역시 레드빌 출장 때 처음 만난 인물로, 한때 미국에서 손꼽히는 재산가였고 정치판에 뛰어들기도 했지만 죽기 직전에는 돈 한푼 없는 알거지 신세였다.

「리뷰와 전망」

가까운 사람이 세상을 떠나면 새삼 자신의 삶을 돌아보는 법이다. 다우도 누구나 맞이하는 죽음을 떠올렸을 것이다. 더구나 이즈음은 자신의 건강도 나빠지기 시작한 다음이었다. 다우는 틀림없이 두 사람의 죽음을 접하고 많은 생각을 했겠지만, 그가 내린 결론은 〈월스트리트저널〉의 지면 개편 작업을 마무리 짓는 것이었다. 몸이 좋지 않아 오랫동안 자신의 집에서 해온 심야 편집회의까지 중단한 다우가 건강 악화에도 불구하고 고정 칼럼을 쓰기로 한 것은 이런 계기와 각오 때문이었을 것이다. 〈월스트리트저널〉에 「리뷰와 전망Review and Outlook」이라는 타이틀의 칼럼이 처음 게재된 것은 1899년 4월 21일이었다.

다우는 눈을 감기 직전까지 모두 223편의 「리뷰와 전망」 칼럼을 썼지만 여기서 모든 주제를 다루지는 않았다. 칼럼에서 주로 다룬 주제는 주식시장 동향과 금융시장의 각종 이슈들에 관한 것이었다. 때로는 선거와 같은 정치 현안과 파업을 비롯한 노동 문제를 다루기도 했다. 다우의 마지막 글이 된 1902년 10월 24일자 칼럼은 은행 대출과 신용의 확장에 관한 것이었다. 가장 많이 다룬 주제는 역시 주식시장의 흐름에 관한 것이었는데, 다우의 시장 철학은 철저하게 상식에 토대를 둔 것이었다. 다우가 보기에 주가의 움직임은 신비롭다거나 수수께끼 같은 게 아니었다. 오히려 경기 사이클의 변동에 따른 인간 행동의 자연스러운 변화가 시장에 반영돼 나타난 것이었다.

다우는 「리뷰와 전망」 칼럼을 일반 독자들을 대상으로 썼다. 월 스트리트의 메이저 플레이어가 아니라 보통수준의 재산과 지식을 갖고 있는 이들이 금융시장을 보다 더 잘 이해할 수 있도록 하는 게 칼럼 집필의 목적이었다. 다우는 그래서 지금 당장의 주가 등락보다 장기적인 시장의 흐름에 주목하라고 강조했다. 주식시장의 대세상승은 보통 4년 이상 이어지고 대세하락 역시 이보다는 짧지만 비슷하게 지속된다는 게 다우의 생각이었다. 따라서 개인 투자자들은 시세조종 세력들이 영향을 미칠 수 있는 단기적인 상승과 하락에 동요하지 말고 멀리 내다볼 줄 아는 인내심을 가져야 한다고 지적했다.

"시장은 일반 투자자들이 만든다"

그가 1899년 4월 21일자에 처음으로 쓴 「리뷰와 전망」 칼럼은 800단어 (200자 원고지 10매) 분량으로 따로 제목은 붙이지 않았으나 요약하자면, 현재의 주식시장은 4월 초의 하락에도 불구하고 장기적으로 볼 때 1896년 8월의 저점 이후 이어져온 상승 추세에 있으며 1900년 혹은 1901년에야 고점을 기록할 것이라는 내용이다. 다우는 이 칼럼에서 자신의 생각을 아주 명백하게 밝히고 있다. "현 세대 동안에는 시장의 큰 흐름이 4

년 이내의 기간에 끝난 적이 없다. 이것은 주식시장이 경기 전반의 여건을 반영하고 있다는 사실에 근거한 것으로, 어떤 사람들은 주식시장을 둘러싼 상황의 변화를 다른 사람들보다 훨씬 더 빨리 예측하기도 하지만 전국적인 파급을 낳을 만큼 지배적인 정서가 바뀌려면 수백만 명의 사람들의 시각이 바뀌어야 한다."

다우가 두 번째로 쓴 「리뷰와 전망」은 다음날인 1899년 4월 22일자에 실렸는데, 전날의 칼럼에 대한 독자들의 질문에 답하는 것으로 시작하고 있다. 다우는 전날 칼럼에서 1872년 이래 주식시장의 저점과 고점을 밝혔는데, 이것이 어디에 근거하느냐고 독자들이 물어온 것이다. 다우는 시장에서 활발하게 거래되는 60개 종목의 평균주가라고 밝힌 다음, 이와는 별도로 20개 철도주로 산정한 철도 평균주가와 12개 산업주로 산정한 산업 평균주가도 함께 설명하고 있다. 이처럼 다우는 자신의 칼럼에서 주식시장의 고점과 저점을 말할 때나 시장 전반의 흐름을 이야기하면서 자신이 창안한 평균주가를 사용했다. 이날 칼럼에서 다우는 특히 산업주 투기에 주목하고 있는데, 1896년 8월 이후 철도 평균주가는 41.82에서 87.04로 45.22포인트 상승한 반면 산업 평균주가는 28.48에서 76.04로 47.56포인트나 올랐다며 "산업주라는 말이 사람들 입에 오르내린 지 불과 1년밖에 안 됐는데 최근 산업주 투기가 대단하다"고 적었다.

다우는 일요일(4월 23일) 하루를 쉬고 다음날인 1899년 4월 24일자에 또 칼럼을 썼다. 여기서 다우는 경기 사이클의 순환 과정을 쉽게 풀어 얘기하면서 대중들의 정서 변화가 어떤 영향을 미치는지 추적했다. "주식시장은 바닥을 기고, 기업 경기는 침체돼 있고, 철도 기업의 순이익은 형편없는 수준이고, 상품 가격은 생산원가에도 훨씬 못 미치고, 사람들은 생활비 지출을 위해 혹은 사업 자금을 충당하기 위해 투자 자산을 현금화한다. 예전의 경험에 비춰볼 때 모든 물가가 다 내렸으므로 누구나 그날 필요한 것만 사서 생활한다. 이런 국면에서 어느 한 업종의 상황이 좋아지기 시작하고, 뒤이어 다른 업종들의 상황도 하나씩 나아진다. 맨 처음 나타났던 상황 호전은 농산품 가격의 상승에 따른 것일 수도 있고, 다른 요인에 기인한 것일 수도 있다. 이제 기업 경기가 되살아나면서 돈이 줄어들기만 했던 사람들에게 돈이 들어오기 시작하고, 원재료와 중간재부터 가격이 올라간다. 도소매상과 제조업체들은 재고를 늘린다. 이런 변화는 개인 심리에도 특별한 영향을 미쳐 사람들은 열심히 노력하면 실패가 아닌 성공을 얻을 수 있을 것이라는 믿음을 갖게 된다. 한해 겨울을 날 석탄조차 감히 한꺼번에 사두지 못했던 사람이 2년만에 마을 전체의 석탄 수요를 대기 위해 탄광을 사들인다."

다우는 이런 변화가 전국적으로 나타나기 위해서는 여러 해가 필요하다고 지적했다. "수백만 명의 사람들이 이런 상황 변화가 진짜라고 확신하기 위해서는 자신의 운명에 그런 변화가 나타나야 한다. 상황이 호전됐든 악화됐든 일단 그 변화를 받아들이게 되면 또 쉽게 변하지 않는다. 그래서 강세장과 약세장이 한번 자리잡으면 오래 지속되는 것이다." 다우는 다음날인 1899년 4월 25일자 칼럼에서도 경기 순환과 주식시장에 대해 썼는데, 한동안 번창하고 난 뒤에는 생산량이 소비량을 넘어설 것이고, 이렇게 되면 한 업종의 경기가 가라앉으면서 생산 축소와 순이익 감소로 이어질 것이라고 덧붙였다.

다우는 경기 순환에 대해 상당히 많은 글을 썼는데, 경기 순환은 물론 경기 순환과 주가 간의 관계를 역사적 관점에서 들여다보았을 뿐만 아니라 기업 및 금융 시장을 잘 관찰함으로써 실제 경제에서 이것들이 어떤 식으로 현실화하는지를 조사했다. 1901년 6월 8일자 칼럼에는 "다음 경기 침체의 원인(The Cause of the Next Depression)"이라는 제목이 붙어있는데, 이 글에서 다우는 상거래 사이클을 분석한 다음 경기 순환 과정이 스스로 강화해나간다고 밝혔다.

상거래 사이클은 다들 잘 알고 있다. 경기 침체가 진행되다 보면 작은 상점 주인이 그때그때 필요한 물건들을 앞서 구매했을 때만큼 싼값으로 사올 수 없다는 것을 알게 된다. 그래서 그는 좀더 많이 구매한다. 소매상과 도매상의 이런 구매 물량 증가가 모이게 되면 제조업체의 생산량이 늘어나고, 제조업제는 고용을 늘리고, 늘어난 고용자들은 공산품과 농산물을 더 많이 구입할 것이고, 그러면 다시 생산이 늘어나게 될 것이다.

이렇게 진행되는 각각의 단계에서 가격의 상승은 더 많은 구매와 더 많은 확신을 가져오는데, 이건 소매상이 맨 처음 상거래 사이클이 좋아지기 시작할 때는 감히 생각지도 못했을 정도로 많은 물건을 주저 없이 구매할 때까지 이어진다. 이런 과정이 수백만 번 이뤄지면 도저히 소진되지 않을 것 같았던 수요를 창출하고, 철도 기업의 물동량을 늘려주고, 그 결과 투자 자금도 늘어나면서 마지막에 가서는 월 스트리트의 고용까지 창출하는 것이다.

경기 하강기에는 이와 반대의 과정이 이어진다. 소매상과 도매상이 이전보다 상품 가격이 떨어진 것을 알게 되면 구매 물량을 줄인다. 앞서 구매했던 물건들에서 이익이 아니라 손해가 나면 믿음을 잃고 수요를 줄인다. 이런 축소 과정이 이어지면서 모든 상거래가 영향을 받는다. 마치 불길이 일면서 스스로 연소에 필요한 연료를 만들어내는 꼴이다. 경험을 통해 볼 때 이런 순환 과정이 한 번 완성되는 데는 약 5년이 걸린다. 전국적으로 재고 고갈 상태에서 재고가 충분한 상태가 되기까지는 대략 5년이 걸리고, 전국적으로 혹은 전세계적으로 과잉 재고 상태의 시장이 사실상 고갈되는 데는 5년 이상이 걸린다.

주식시장의 다음 침체 원인은 전반적인 상거래의 추락 때문일 것이다. 이건 어음 결제대금의 감소, 철도 기업의 순이익 감소, 내구재의 수요 감소, 어음 교환소의 거래대금 감소, 사장된 화폐의 증가, 국가 경제의 성장 둔화에서 나타날 것이다.

학문적 관점에서 보자면 다우는 윌리엄 스탠리 제본스의 영향을 받았는데, 제본스는 태양 흑점과 곡식 수확량 및 경기 전반의 관계를 연구해 여기서 경기 순환의 단서를 찾았다. 다우는 어떤 패턴을 갖고 움직이는 경기 순환의 반복되는 양상을 관찰했고, 잉글랜드에서 금융위기가 10년마다 되풀이된다고 한 제본스의 주장이 미국 경제에서도 역사적으로 근거가 있다고 밝혔다. 금융위기에 대한 그의 시각을 잘 보여주는 가장 대표적인 글이 1902년 7월 9일자에 실린 "되풀이되는 위기(The Recurrence of Crises)"라는 제목의 칼럼인데, 이 글에서 다우는 19세기 미국에서 벌어진 금융위기를 하나씩 설명했다.

19세기 들어 미국에서 처음으로 금융위기가 발생한 것은 1814년이었다. 그해 8월 24일 영국군이 워싱턴을 점령함으로써 위기 상황은 더욱 증폭됐다. 필라델피아와 뉴욕에 있는 은행들은 예금 지급을 연기했고, 한동안 최악의 금융위기 상황이 이어졌다. 특히 앞서 1808년에 제정된 금수 조치 및 비교역에 관한 법률로 인해 해외 무역이 급격히 줄어든 데다, 조세 수입을 훨씬 초과하는 과도한 정부 지출이 이어졌고, 과거 하나뿐이었던 합중국은행(United States Bank)의 역할을 대신하는 수많은 주립은행(state bank)들이 우후죽순처럼 설립됨으로써 혼란은 더욱 가중됐다. 자본이 넉넉하지 않았던 주립은행은 충분한 준비금도 확보하지 않은 채 통화를 마구 발행했다.

1819년의 금융위기는 은행권 유통 물량의 급격한 감소로 인해 촉발됐다고 해도 과언이 아니다. 그 이전에는 은행권 발행이 급증하면서 투기를 부추겼는데, 반대로 유통 물량이 줄어들자 상품 가격과 부동산 가격이 폭락하게 된 것이다. 그러나 발생 원인만 놓고 보자면 1819년의 위기는 순전히 통화위기라고 할 수 있다.

1825년 유럽에서 시작된 금융위기는 미국산 제품의 수요 감소와 가격 하락을 초래했고, 그 여파로 1826년에는 통화량이 위축되는 사태가 벌어졌다. 그러나 상황은 최악의 단계로까지 발전하지 않았다. 그런 점에서 경제가 위축 국면으로 방향을 전환한 것이 아니라 확장 국면이 일시적으로 중단된 것으로 볼 수 있다.

1837년에는 경제 전반이 엄청난 패닉에 빠져들었는데, 이렇게 된 데는 여러 가지 원인이 있었다. 앞서 급속한 산업 성장이 있었고, 수많은 기업들이 새로 설립됐다. 곡물이 부족해지자 빵을 수입하기에 이르렀다. 연방정부가 더 이상 합중국은행을 존속시키지 않기로 하자 나라 전체의 은행 산업에 근본적인 변화의 바람이 몰아쳤다. 수많은 사람들이 주립은행에 예치한 예금을 인출해갔고, 이 돈은 투기 광풍을 일으킨 원인이 됐다.

1847년 유럽에서 발생한 패닉의 여파는 미국에도 미쳤지만 그리 크지는 않았다. 물론 지불준비금으로 쌓아둔 금이 대폭 줄어들었고, 멕시코 전쟁이 겹치면서 기업 활동이 위축되기도 했다. 그러나 이 같은 악영향은 막대한 양의 곡물 수출이 이뤄지고, 1848~1849년에 금이 발견되면서 거의 상쇄될 수 있었다.

1857년의 패닉은 그해 8월 오하이오 생명보험신탁이 파산하면서 막이 올랐다. 몇 달 전부터 상품가격이 하락하기는 했지만 이해의 패닉은 전혀 예상하지 못한 것이었다. 엄청난 규모의 철도 부설 공사가 진행됐고, 은행들이 지불준비금으로 보유한 금은 예금액이나 대출금에 비해 턱없이 부족했다. 결국 헤아릴 수 없는 기업들이 파산했고, 10월이 되자 은행들이 예금 지급을 연기하는 사태가 벌어졌다.

1866년 영국 런던의 오버렌드, 거니 앤 컴퍼니(Overend, Gurney & Co.)의 파산으로 인해 촉발된 패닉은 미국 주식시장의 주가 폭락 사태를 가져왔다. 이해 4월 미시간 서던 철도 주식의 대규모 매집과 폭발적인 투기가 벌어졌고, 그 결과 패닉의 여파는 통상적인 수준을 훨씬 넘어설 수밖에 없었다.

1873년 9월의 패닉은 주식시장은 물론 경제 전반에 파급을 미쳤다. 패닉이 유발된 계기는 엄청난 유동성이 고정자산 쪽으로 흘러 들어간 것이었다. 앞서 경기 확장 속도는 유례가 드물 정도로 빨랐고, 통화 수요는 공급이 따라가지 못할 정도로 많았다. 결국 신용 붕괴가 시작되자 경기 불황역시 그 어느 때보다 심각했다.

1884년의 위기는 주식시장을 강타했지만 경제 전반으로까지 확대되지는 않았다. 이해 5월 머린 뱅크와 메트로폴리탄 뱅크, 그랜트 앤드 워드가 잇달아 파산하면서 상품가격도 동반 폭락했고, 연말까지 전반적인 경기 위축이 이어졌다. 앞서 수 년간 지속됐던 철도 노선을 둘러싼 치열한 경쟁이 패닉을 유발한 한 요인이었다.

1893년의 패닉은 복합적인 원인들로 인해 촉발됐다. 통화 가치에 대한 불확실성과 외국인 투자자들의 투자자금 회수, 세율을 대폭 올린 관세법안에 대한 불안감 등이 패닉을 몰고 온 요인들이었다. 그 중에서도 금본위제가 계속 유지될 것인가에 대한 의구심이 가장 큰 영향을 미쳤다.

다우는 거시 경제, 특히 금융 문제를 다루면서 자금 시장의 상황에 늘 주목했다. 그래서 금리와 시중 자금사정을 주제로 한 칼럼이 많다. 자연히 통화 공급과 주가의 움직임 간의 관계에 대해서도 많은 견해를 밝혔는데, 다우가 쓴 글을 읽어보면 상당히 시대를 앞서갔음을 알 수 있다.

"장기적으로 주식시장에 가장 큰 영향을 미치는 한 가지 요인을 꼽는다면 바로 돈이 넘쳐나는 것이다."(1899년 5월 22일)

"억지로 금리를 낮은 수준으로 유지시키려고 애쓰는 것보다 금리 상승을 야기하는 요인을 올바르게 이해시키는 것이 대중들을 상대로 한 교육 목적에 훨씬 더 부합한다. 더 높은 금리는 자연적이고 논리적이며, 건전하고도 건강한 경기 번영을 반영하는 것이고, 새로운 여건에 따라 요구되는 가치의 재조정 과정을 견뎌내라는 주문이다."(1899년 8월 9일)

1902년 10월 9일자에 게재된 "비싼 자금의 영향(Effects of Dear Money)"이라는 제목의 칼럼은 아주 흥미롭다. 여기서 다우는 신용으로 매수한 많은 주식들 때문에 주식시장이 늘 자금시장의 상황에 민감하다고 지적하면서 비싼 자금을 두 종류로 나누었다. 첫 번째는 "패닉에 가까운 정서로 인해 자금이 아주 귀해질 때 나타나는 매우 높은 금리의 초단기 자금"인데, 이런 상황은 일시적이기 때문에 자금을 구할 수만 있게 되면 주가는 곧바로 회복한다. 두 번째는 "대출 받기가 갈수록 어려워지면서 금리가 점차 조여지는 것"인데, 이런 상황은 경기 확장 기간이 너무 길게 이어진 데 따른 결과다. 다우가 보기에 이것은 "유동 자금이 고정 자본으로 흘러들어간 것을 반영하며, 엄청난 팽창기 때마다 막바지에 이르면 항상 나타났다." 다우는 이것이 1837년, 1857년, 1873년 패닉의 특징이었으며, 1893년의 하락에서는 한 요인이 되긴 했지만 뚜렷하지는 않았다고 밝혔다. 다우는 마지막으로 이렇게 결론지었다. "번영의 시기 이후의 비싼 자금이 항상 조류의 즉각적인 방향 전환을 의미하지는 않는다. 그것은 때로 조류가 바뀌기 1년 전의 경기 상황일 수 있다. 그러나 비싼 자금이 일단 나타난 다음에는 대개 그것이 효과를 낼 때까지 되풀이된다. 그 효과는 막판으로 가면 항상 똑같다. 그것은 경기 위축과 생산 감축, 자금 수요의 감소를 의미한다. 더 많은 자금이 묶여 있을수록 적절한 유동성을 확보하는 데 더 오래 걸릴 것이다. 상황이 건전할수록 부정적인 효과는 적어지겠지만, 자금 부족에 대한 영원한 구원책은 반드시 수요의 감소에서 온다."

이렇게 금융시장과 경제 현장의 상황들을 거의 매일같이 정확히 분석해 해설 기사 형식으로 보도한 「리뷰와 전망」 칼럼은 1902년 12월 4일 그가 눈을 감기 직전까지 〈월스트리트저널〉에 계속 실렸다. 처음에 게재된 칼럼에는 따로 제목을 붙이지 않았으나, 1901년부터는 칼럼들 대부분에 제목을 붙였다. 이 칼럼이 〈월스트리트저널〉에 게재되면서 다우는 파이낸셜 저널리스트로서의 명성을 확고히 했다.

현장 감각이 돋보이는 금융기사

물론 월 스트리트에 다우의 이름이 알려진 것은 오래 전부터였다. 다우는 뉴욕에서 취재 활동을 시작하자마자 금세 신뢰할 수 있는 경제 기자로 유명해졌다. 그는 이미 당대의 손꼽히는 저널리스트인 새뮤얼 바울스와 조지 다니엘슨 휘하에서 단련 받은 노련한 기자였다. 비록 말수가 적고 붙임성도 떨어지는 성격이었지만, 그와 처음 인터뷰하는 금융계 인사들조차 그가 믿을 수 있는 베테랑 기자라는 것을 알았다. 다우는 취재원의 말을 아주 정확히 전달했고, 그래서 그가 쓴 기사는 누구나 사실로 인정했다. 그는 작은 수첩 하나를 든 채 월 스트리트 구석구석을 조용히 돌아다녔고, 금융시장의 바닥을 훑어낸 경제 기사를 20년 넘게 써왔다. 다우가 그렇게 취재하고 작성한 마지막 기사들이 바로 「리뷰와 전망」이었다. 1899년 12월 30일자 칼럼을 보면 그가 월 스트리트 현장을 얼마나 속속들이 꿰고 있었는지 발견할 수 있다.

시장은 정서와 시세조종, 사실들에 의해 지배된다. 정서란 어떤 사실이 있으리라는 데 기초하지만, 이런 추측은 틀리는 경우가 많다. 대규모의 시세조종은 늘 장기적으로 필연적인 사실들을 따라 하지만 단기적으로는 이런 사실들과 정반대로 어긋나기도 한다.

일시적인 정서는 매일매일의 시장에 영향을 미친다. 지금 발생한 것 혹은 앞으로 일어날 것이라고 기대되는 것에 대한 루머는 트레이딩 충동을 일으키는데, 이런 충동은 그 특성에 따라 한 시간 혹은 하루 동안 지속된다. 이런 정서는 시장의 갑작스러운 변화에 상당히 큰 영향을 미친다. 낮 1시까지 강했던 시장이 30분 뒤 약해질 수도 있다. 거래를 많이 하는 일부 트레이더들의 정서가 바뀌었기 때문이다. 이들은 수천 주를 팔지만, 그로 인한 하락은 다른 사람들로 하여금 또 소량의 주식을 팔도록 하고, 그렇게 해서 이를 다 합치면 시장의 성격을 변화시킬 만큼 충분히 큰 물량이 된다.

이런 정서가 지속되면 몇 달 간 이어진다. 시장이 나아지리라는 혹은 나빠지리라는 믿음에 대한 대중들의 정서가 지속되는지 여부는 투기에서 가장 강력한 요소 중 하나고, 이게 광범위하게 퍼져나가면 그것에 대항할 수 있는 아주 강력한 투기 세력들까지 패배시킬 수 있다. 반더빌트는 자신의 경험을 통해 이렇게 말했다. "모두는 누구 하나보다 강하다."

시세조종은 대개 큰손 투기자들이 주식을 사겠다는 목적으로 혹은 주식을 팔겠다는 목적으로 추진하는 것이다. 큰손 투기자들의 생각은 반드시 현재 존재하는 여건보다 앞서야 한다. 그는 지금이 어떤지가 아니라 앞으로 어떻게 될지를 알고자 한다. 그의 생각은 어떻게 하면 다른 사람들이 자신에게 낮은 가격으로 주식을 팔도록 하고, 그 다음에는 그들이 자신에게서 높은 가격에 주식을 사도록 끌어들일 수 있는가 하는 것이다.

10만 주를 움직이는 투기자는 상당한 노력 없이는 그만한 주식을 낮은 가격에 매수할 수 없고, 또한 상당한 노력과 시간을 들이지 않고는 그만한 주식을 팔 수도 없다. 주가가 저점에서 고점으로 올라가는 가격대의 중간 단계는 그의 프로그램의 가장 단순한 부분이다. 그의 주된 생각은 이렇다. "만일 내가 지금 주식을 산다면 내년 2월이나 3월의 여건은 다른 사람들로 하여금 지금보다 10~15포인트 더 높은 가격에 나에게서 사도록 할 것이다."

그러므로 투기를 정서의 입장에서 생각하나 시세조종의 입장에서 생각하나 결국은 사실에 관한 물음으로 귀결되는 것이다. 내년 봄의 사실들을 정확히 내다볼 수 있는 소액 투기자는 가장 큰손 투기자가 행하고 있는 것과 거의 똑같이 하면서 완전한 확신을 갖고 주식을 트레이딩 할 수 있다.

그렇다면 여기서 결정적인 문제가 제기될 것이다. 어떻게 하면 사실들을 내다볼 수 있으며, 어떤 사실들을 고려해야만 하는가? 모든 주식 투기에서 고려해야 할 가장 중요한 첫 번째 사실은 통화 공급이다. 주식 투기의 아주 큰 부분은 빌린 돈으로 행해진다. 신용과 신뢰의 거대한 조합이 비교적 작은 현금 기초 위에서 만들어진다. 큰손 투기자들이 몇 백 만 달러 빌리는 것을 혹은 소액 투기자들이 수천 달러 빌리는 것을 어렵게 만들거나 비싸게 만드는 모든 요인들이 강세 투기를 억제하는 것들이다.

두 번째 중요한 사실은 주식시장에 상장된 기업들의 사업이 그 주식의 내재가치를 근본적으로 변화시킬 정도로 개선되고 있는지 아니면 악화되고 있는지 하는 것이다. 가치는 장기적으로 주가를 결정한다. 만일 안정적인 사업을 영위하는 기업의 순이익이 늘어나 배당률이 5%에서 7%로 높아졌다면 통화 공급과는 상관없이 주가는 틀림없이 상승할 것이다. 물론 금리가 높을 때보다는 낮을 경우 상승폭이 훨씬 더 크겠지만 말이다.

세 번째 사실은 주식시장에 상장된 기업의 순이익이 정상적인 여건의 결과인지 혹은 지속적이지 않은 특별한 것인지를 아는 것이다. 이것은 경기 전반과 금융, 농산물 작황, 물가를 비롯해 국가 경제를 구성하는 모든 것의 전체 여건을 알려준다. 아마 누구도 이 문제에 포함된 모든 것들을 다 철저하게 이해하고 있다고는 생각하지 못하겠지만, 전반적인 경기 동향에 대해 상당히 잘 이해하는 사람은 있을 것이다. 이들 선각자 한두 명의 훌륭한 지식이 전체 대다수에게 아주 괜찮은 아이디어를 준다. 이런 대단한 투기자들은, 굴드가 특히 그랬는데, 전반적인 기업 경기 여건의 최고 유일의 시금석으로 철강 시장을 꼽았다.

다우는 누구나 주식시장의 흐름을 쉽게 읽어내고, 주가와 내재가치의 관계를 정확히 파악할 수 있도록 가능하면 평이한 단어와 문장으로 칼럼을 썼다. 그는 주식시장에서 작전 세력들이 활개를 치고, 시세조종 행위가 빈번히 일어나고 있다는 사실을 잘 알고 있었다. 그러나 주식시장을 카지노판으로 여기며 경원시하는 데는 반대했다. 그는 월 스트리트를 미국 경제 발전에 반드시 필요한 자금의 원천으로 봤고, 주식시장을 통해 효율적인 자원 배분이 이뤄질 수 있을 것이라고 생각했다. 이렇게 만들기 위해 그가 내놓은 해법은 일반 투자 대중들을 상대로 한 교육이었다. 다우가 주가지수를 만든 것도 이런 이유 때문이었다. 다우가 세상을 뜨기 4개월 전인 1902년 7월 31일자 〈월스트리트저널〉에 쓴 칼럼을 읽어보면 그의 이런 의도를 이해할 수 있다. "시장에서 멀리 떨어져 있는 트레이더(The Out-of Town Trader)"라는 제목이 달린 이 글에서 다우는 개인 투자자자들도 월 스트리트에서 수익을 올릴 수 있는 방법을 알려주고 있다.

월 스트리트에서 일을 하고 있다고 해서 반드시 유리한 것은 아니다. 이들 가운데는 한 달씩이나 주식을 보유하고도 돈을 벌지 못하는 경우가 허다하다. 루머나 작은 하락에 겁을 집어먹기 때문이다. 시장을 매일같이 관찰할 수 없는 투자자는 이런 일을 피할 수 있다. 이것이야말로 이들이 누릴 수 있는 가장 큰 이점이다. 시장은 그 속성상 때로 급변할 수 있는데, 그러면 이익이 순식간에 손실로 돌변한다거나 예상하지 못했던 큰 손실로 이어질 수 있다.

시장에서 멀리 떨어져 있는 투자자는 무엇보다 먼저 주가가 내재가치를 밑도는 주식을 매수해야 한다. 단순히 마음속으로 그렇게 다짐해서는 안

되며 행동으로 보여줘야 한다. 특히 매수한 직후에 주가가 상승하지 않고 하락할 경우에도 결코 믿음이 흔들려서는 안 된다. 또한 내재가치를 고려해 투자 대상 주식을 결정한 다음에는 가능한 한 시장이 조정을 받아 하락할 때까지 매수 시점을 기다려야 한다.

가령 다우존스 지수는 10포인트 올라가면 4포인트 정도 도로 밀리는 게 보통인데, 대세상승 국면이 계속 이어질 것을 감안한다면 바로 이때가 매수 타이밍이다. 투자자는 인내심을 갖고 반드시 이 시점에 저평가된 우량주를 매수해야 한다. 혹시 다른 종목들은 상승하는데 자신이 매수한 종목만 올라가지 못할 수도 있다. 누가 어떤 종목으로 대박을 터뜨렸다는 소식이 매일같이 들려올 수도 있다. 비록 현재의 주가 움직임이 그렇게 보일지라도 이런 이야기에는 귀를 틀어막아야 한다. 자신이 보유한 주식, 즉 내재가치에 비해 주가가 현저히 저평가된 종목을 꿋꿋이 보유하고서, 다른 사람들이 이 종목의 주가가 너무 낮다는 사실을 발견해 매수에 뛰어들거나 비로소 세력들이 주가를 끌어올릴 때까지 기다려야 한다.

대부분의 투자자들은 자신이 보유한 종목의 주가가 한동안 제자리걸음만 하다가 이제 막 움직이기 시작하면 즉각 팔아버린다. 다시 또 주가가 지지부진해질 것을 우려해서다. 하지만 이때는 매도 시점이 아니라 오히려 추가로 매수해야 할 타이밍이다. 다른 투자자들도 이제야 비로소 이 종목의 주가가 내재가치에 비해 낮다는 사실을 발견한 것이기 때문이다. 월 스트리트를 전혀 모르는 개인 투자자들도 주식의 가치와 시장 상황을 면밀히 연구하고, 몇 사람 몫의 인내심으로 투자를 한다면 충분히 주식으로 돈을 벌 수 있을 것이다.

치밀한 논리와 명쾌한 문장

다우는 이처럼 주식시장을 큰손들의 전유물로 여기지 않았다. 주식시장은 일반 대중들이 참여해야 비로소 본연의 목적을 달성할 수 있는 곳이다. 그래서 다우는 월 스트리트를 과학적으로 분석하려고 했다. 그는 저널리스트의 냉정한 시각으로 월 스트리트를 관찰했고, 자신이 본 내용을 풍부한 경제 지식을 바탕으로 치밀한 논리와 명쾌한 문장으로 기사화했다. 그토록 말수가 적고 나서지 않는 성격인 다우였지만 펜만 잡으면 꼼꼼하게 분석하고 하나씩 지적했다. 자기가 하고 싶은 얘기는 아무것도 거리낄 게 없다는 듯 차근차근 풀어냈다. 혹시라도 뭔가 저항의 여지가 있다고 느껴질 때면 그것을 전부 끄집어낸 다음 완전히 분해해 버렸다. 그는 시장의 복잡한 움직임을 직관적으로 파악하는 천재성을 갖고 있었다. 1900년 1월 6일자 칼럼을 보자.

> 지금 시장은 신자들이 지상과 하늘 사이에 있어야 한다고 우겨대는 마호메트의 관에 비유할 수 있을 것이다. 일부 신자들은 이 관을 땅 쪽으로 더 가까이 내려오게 하려고 애쓰는 반면, 다른 신자들은 공중으로 더 높이 뜨게 하려고 한다. 그에 맞춰 사람들은 한 쪽 혹은 다른 쪽이 더 쉬울 것

이라고 생각하고 자주 자리를 바꾼다. 유추는 여기서 끝난다. 압력이 똑같지 않으면 시장은 더 우세한 힘에 따라 움직인다. 시장이 움직이지 않고 그냥 있다면 양쪽 힘이 똑같다고 할 수 있다.

마치 칠판에 그림을 그리듯이 주식시장의 현재 상황을 쉽게 설명해주고 있다. 사실 다우에게 관찰 이외에는 다른 분석 도구나 실험 기구 따위는 없었다. 그가 가진 무기라고는 오랜 세월 갈고 닦아 아주 날카롭게 단련된 호기심뿐이었다. 그는 자신이 관찰한 내용을 솔직하고 정확하게 기사로 옮겼다. 그의 문장은 명료했고, 기사 구성은 논리적이었다. 간결한 경구(警句)와 유머가 깃들인 표현으로 상황을 명쾌하게 전달할 줄 알았다. 1901년 12월 5일자 칼럼을 읽어보자.

나폴레옹은 이렇게 말했다. "인내할 수 있어야 성공할 수 있다." 그랜트 장군은 군 지휘관으로서 가장 필요한 것이 무엇이라고 생각하느냐는 질문에 "인내"라고 대답했다. 제이 굴드는 주식 투기로 성공하고자 하는 사람에게 절대적으로 필요한 것은 인내라고 주장했다. 트레이딩을 많이 해본 사람은 자신의 거래 기록을 되돌아보면 알 수 있을 것이다. 기다리지 않는 바람에 얼마나 자주 이익을 놓쳤는지 말이다. 그걸 떠올려보면 이 말의 가치를 새삼 확인할 수 있을 것이다.

사람들은 다른 곳에서는 잘 알고 있는 원칙을 주식 투기에는 적용하려고 하지 않는다. 옥수수를 심은 사람이 하루나 이틀이 지나 옥수수의 싹

이 텄는지 알아보려고 씨앗을 도로 파내지는 않을 것이다. 그러나 주식시장에서는 대부분의 사람이 낮에 계좌를 터놓고 밤도 되기 전에 이익을 얻으려 한다.

다우가 가졌던 생각과 그가 남긴 글은 비록 어떤 이론 체계도 갖추지 않았고, 논문 형태로 발표된 적도 없지만 합리적 시장이론의 원조 격이며, 자유시장 이데올로기와도 궤를 같이 한다. 특히 대부분의 학자들은 상아탑에 갇혀 그저 경제학과, 수학, 통계를 갖고 주식시장을 파악하려고 하지만, 다우는 백면서생이 아니었다. 그는 노련한 저널리스트였고 현장 경험이 있는 애널리스트였다. 다우는 처음부터 냉정한 기자의 눈과 자신의 직접 체험을 바탕으로 예리하면서도 현명하게 시장의 진실을 꿰뚫어 봤다. 그는 파이낸셜 저널리즘의 선구자이자 최고의 이코노미스트였다.

6
다우존스 지수

찰스 다우에 관한 책을 쓰면서 나는 전체를 완전히 성격이 다른 두 부분으로 나누려고 했다. 제1부에서는 다우가 태어난 해인 1851년부터 그가 마지막으로 눈을 감은 1902년까지 51년간을 주로 그의 성장과정에 따라 연대기 순으로 정리했다. 제1부 제목에서도 알 수 있듯이 저널리스트 찰스 다우에 초점을 맞췄다. 그가 저널리스트로 자리매김하는 데 결정적인 역할을 해주었을 두 명의 스승, 새뮤얼 바울스와 조지 다니엘슨을 다루었고, 프로비던스에서 기자로 활동하던 시절과 레드빌 광산에 출장 가서 쓴 기사들을 살펴봤으며, 뉴욕으로 진출해 에드워드 존스와 함께 다우, 존스 앤 컴퍼니를 창업하고 〈월스트리트저널〉을 창간하는 드라마틱한 과정을 추적했고, 말년에 「리뷰와 전망」 칼럼을 쓰며 파이낸셜 저널리즘이라는 새 지평을 열어젖힌 마지막 분투 과정을 이야기했다.

지금부터 시작하는 제2부에서는 다우가 남긴 글을 토대로 그가 무엇을 말하고 싶어했는지 구체적으로 살펴볼 것이다. 여기서는 다우의 칼럼을 연대기 순서가 아니라 주제별로 분류하고, 필요할 경우 후대에 더 보충되고 추가되거나 심지어 왜곡된 부분까지 함께 설명할 것이다. 따라서 제2부는 저널리스트가 아닌 이코노미스트이자 애널리스트인 다우에 초점을 맞출 것이다.

우선 찰스 다우라고 하면 가장 먼저 떠오르는 게 다우존스 지수일 것이다. 찰스 다우는 몰라도 다우존스 평균주가, 간단히 다우 지수라고 하는 미국 뉴욕 주식시장의 주가지수를 모르는 투자자는 없을 것이다. 매일 아침 세계 금융시장 동향을 챙길 때면 제일 먼저 확인하는 다우 지수는 1884년 7월 3일에 처음 발표된 최초의 주가지수다. 지금 시각으로 보면 아무것도 아니지만 종목별 주가밖에 없던 시절, 주식시장 전체를 아우르는 지표를 창안해냈다는 게 참 대단하다. 그런데 궁금한 건 과연 왜 이런 주가지수를 만들 생각을 했을까 하는 것이다.

주가의 흐름

다우가 〈월스트리트저널〉에 쓴 칼럼 「리뷰와 전망」을 보면 주식시장의 흐름을 바다의 조류에 비유한 내용을 여럿 발견할 수 있는데, 1901년 1월 31일자에 실린 "조류를 지켜보며(Watching the Tide)"라는 제목의 칼럼을 보자. 다우의 글 가운데 가장 널리 알려진, 지금도 인구에 회자되는 내용으로 그가 왜 주가지수를 만들 생각을 했는지 이해할 수 있는 대목이다.

누군가 바닷가에서 조류가 밀려드는 모습을 지켜보고 있다. 이 사람은 만조 때의 최고 수위가 정확히 얼마인지 알고 싶어 바닷물이 밀려오는 모래밭에 막대기 하나를 세워놓았다. 파도는 점점 더 높아져 막대기의 윗부분을 적셔갔다. 마침내 조류가 빠져나가기 시작할 때쯤 막대기에는 최고 수위가 선명하게 남았다.

이 방법은 주식시장의 밀물과 썰물 같은 흐름을 관찰하고 예측하는 데 유용하다. 주가의 파동은 마치 바닷물이 출렁이며 파도가 치는 것처럼 정점에 닿은 뒤에도 단 한 번에 제자리로 후퇴하지 않는다. 주가를 움직이는 힘은 서서히 밀려들어오고, 이 흐름을 정확히 파악하는 데는 어느 정도의 시간이 필요하다.

다우는 아마도 수많은 나날을 바닷가에 나가 곰곰이 생각해봤을 것이다. 그러고는 그때까지 아무도 알아내지 못한 주식시장의 비밀을 발견했을 것이다. 주가의 흐름이란 일단 방향을 정하면 그 기저의 힘이 바뀌기 전까지는 상당한 기간 동안 그 방향을 지속하는 경향이 있다는 것을 말이다. 따라서 과거와 현재의 주가 흐름을 잘 관찰하면 시장의 추세를 알아낼 수 있다는 추론도 가능하다. 다우가 의도했던 것은 아니지만 많은 투자자가 그의 이 같은 관찰을 토대로 미래 주가를 예측하고자 했는데, 기술적 분석의 뿌리를 다우 이론에서 찾는 논리도 여기서 출발한다.

다우존스 평균주가가 〈커스토머스 애프터눈 뉴스 레터〉에 처음 나온

것은 1884년 7월 3일이다. 이날 지수는 69.93이었고, 지수 산정 대상 종목은 뉴욕 증권거래소에서 활발히 거래되는 11개 종목이었다. 철도주가 유니언 퍼시픽(Union Pacific)을 비롯해 9개였고, 산업주는 우편선 회사인 퍼시픽 메일(Pacific Mail)과 전신회사인 웨스턴 유니언(Western Union), 이렇게 2개였다. 이로부터 5년이 지난 1889년 7월 8일 다우존스 평균주가가〈월스트리트저널〉창간호에 실렸을 때 지수 산정 종목은 처음에 비해 1개 늘어난 12개 종목이었다. 기사 내용은 1885년 7월 2일부터 강세장이 시작됐는데, 이들 12개 종목의 평균주가가 이날 61.49를 기록했다는 짤막한 설명과 함께 1889년 7월 6일까지 평균주가가 어떻게 움직여왔는지 고점과 저점을 추적했다. 그 뒤로 평균주가에 관한 언급은〈월스트리트저널〉에 한동안 나오지 않다가, 그해 9월 24일자에 실린「시장의 추이The Course of the Market」란 타이틀의 칼럼에서 평균주가 산정 종목을 20개로 늘려서 새롭게 제시했다.

다우는 사실 그 이전에도〈커스토머스 애프터눈 뉴스 레터〉에 실린 기사에서 다우존스 평균주가를 20개 종목으로, 또 30개 종목으로 늘려서 산정한 다음 이것을 11개 종목으로 산정한 평균주가와 기간별로 비교해보기도 했는데, 종목 수가 늘어나도 시장의 고점과 저점을 추적하는 데는 아무런 변화가 없다고 밝혔다. 다우가 주목했던 것은 평균주가 산정에 포함되는 종목의 숫자보다 여기에 포함되는 종목들의 거래가 얼마나 활발히 이뤄지고 있느냐는 것이었다. 당시 뉴욕증권거래소의 하루 평균

거래량이 전 종목을 통틀어 25만 주 정도에 불과했으니 거래가 부진한 종목들까지 전부 포함시킬 경우 도리어 주가지수가 왜곡될 수 있었다. 그런 점에서 다우가 거래가 활발한 종목으로 한정해 주가지수를 산정한 것이 오히려 더 합리적이라고 볼 수 있다.

다우존스 평균주가의 획기적인 변화는 1896년 5월 26일에 이뤄진다. 12개 종목의 산업주만으로 평균주가를 발표하기 시작한 것인데, 다우존스 지수가 처음 나온 지 12년 만의 일이었다. 당시 산업주는 대부분 장외 기업이거나 뉴욕증권거래소에 새로 상장된 신규 기업들이었고, 철도주에 비해 매우 투기적인 성격을 띠고 있었다. 그럼에도 불구하고 다우는 제조업이 앞으로 미국 경제를 이끌어갈 것이며, 산업주가 주식시장의 주도주가 될 것이라고 내다봤다. 다우는 특히 앞으로 있을 기업간 인수합병과 결합, 그리고 그에 따라 필연적으로 출현할 거대 기업의 탄생을 예견했는데, 실제로 그가 죽기 1년 전 당시 사상 최대 규모인 자본금 10억 달러의 유에스 스틸(U.S. Steel)이 출범했다. 다우가 예측한 것처럼 이들 거대 제조업체는 20세기 들어 미국이 세계 최강대국으로 부상하는 데 결정적인 역할을 했고, 산업주는 철도주를 제치고 미국 주식시장에서 가장 활발히 거래되는 종목군으로 올라섰다.

다우는 「리뷰와 전망」 칼럼에서 산업주가 새롭게 투기 대상으로 주목받고 있다는 점을 여러 차례 지적했다.

"앞으로 투기는 산업주에서 아주 엄청나게 이뤄질 것이다."(1900년 10

월 12일)

"산업주 시장은 틀림없이 미국의 거대한 투기 시장이 될 것이다."(1901
년 2월 15일)

"산업주 시장은 곧 이상적인 트레이딩 시장이 될 것이다. 가치는 항상
변화할 것이다. 기업 연합을 위한 계획도 꾸준히 이어질 것이다. 경쟁에
대한 두려움과 주가가 오르내릴 가능성은 항상 존재할 것이다."(1900년 3
월 7일)

"제조업체들의 이익이 엄청나게 증가하는 것을 막을 방법은 없다. 이
익은 전반적이고도 특별한 사업 여건에 따라 늘어나거나 줄어들 것이
다."(1901년 5월 23일)

1900년 3월 3일자 칼럼에서는 산업주의 미래에 대한 그의 시각을 분
명하게 보여주었다. "앞으로 산업주가 이 나라에서 중요한 투기 대상이
될 것이라는 점은 확실하다. 이들 기업이 새로 뛰어들 분야는 아주 넓
고, 산전수전 다 겪어가며 성공해본 경영진의 다양한 기술력은 주가에
반영되는 가치를 끊임없이 변화시킬 것이다." 하지만 1900년 2월 20일자
에서는 산업주를 언급할 때 많은 요소들이 종종 간과된다면서, 이들 기
업 대부분이 비교적 최근에 만들어졌기 때문이라고 지적했다. 그러면서
경기 하강이 시작되면 일부 기업의 과다 자본화는 재조정을 야기할 것
이고 배당금을 빼먹을 것이라고 경고하면서, 만일 투자자들이 특정 기
업에 관한 사실들을 잘 알고 있을 때만 현명한 투자를 할 수 있을 것이

라고 조언했다. 그러나 1870년대 철도주 투기 붐을 상기시키면서 "산업주가 이 나라에서 거대한 투기적 요소가 되리라는 것은 확실하다"고 다시 한번 덧붙였다.

어쨌든 12개 종목으로 처음 만들어진 산업주의 평균주가, 즉 다우존스 산업지수는 다우 사후 14년이 지난 1916년에 산정 대상 종목이 20개로 늘었고, 1928년에는 30개로 확대돼 지금까지 종목 변경만 있을 뿐 그대로 이어지고 있다. (요즘 통상적으로 다우 지수라고 하면 다우존스 산업 평균주가를 말한다.) 산업주가 따로 독립함에 따라 1896년 10월부터는 철도주 평균주가도 별도로 산정돼 발표됐는데, 다우존스 철도지수는 74년간 계속 그대로 유지되다가 1970년부터 운송지수로 확대 개편됐다. 또 1929년에는 유틸리티 지수가 새로 추가됐다. 이렇듯 산업주와 철도주의 분리, 새로운 지수의 추가 외에도 산정 대상 종목의 증가와 퇴출, 신규 편입 같은 변화가 꾸준히 있어왔지만, 다우가 맨 처음 만들었던 평균주가의 독특한 산정 방식은 하나도 변하지 않았다.

평균주가의 의미

평균주가를 산정하는 종목의 주가를 전부 다 더한 다음 이 수치를 산정 대상 종목 수로 나눔으로써 산술적인 평균치를 계산하는 방식 말이다. 다우는 가중 평균치, 즉 요즘 전세계 거의 모든 증권거래소에서 주가지수를 산정할 때 쓰는 시가총액 방식을 사용하지 않았을 뿐만 아니라 특별한 조정도 하지 않았다. 이런 점 때문에 다우존스 평균주가의 과학성이나 대표성을 문제 삼는 비판이 끊이지 않는다. 과연 30개 종목만 갖고 시장의 움직임을 제대로 측정할 수 있는지, 가중평균이 아닌 산술평균을 사용함으로써 지수의 왜곡이 발생하는데도 왜 아무런 시정 조치도 하지 않는지가 비판의 핵심이다.

가령 다우존스 산업지수의 경우 원래는 30개 종목의 주가를 모두 더해 그것을 30으로 나누어야 평균주가가 나오는 것인데, 산정하기 시작한 지 120년 가까이 흐르다 보니 신규 종목의 편입과 주식 분할 등으로 인해 요즘은 그 분모가 0.128 수준으로 줄어들어버렸다. 2012년 10월 말 현재 다우존스 산업지수를 산정하는 30개 종목의 주가 합계는 1682달러로, 이를 30으로 나누면 56밖에 되지 않는다. 그러나 다우존스 산업지수는 1682달러를 0.128로 나눈 13000정도다. 다시 말해 그동안 계속적인 종목 변경과 주식 분할로 인해 분모가 소수점 이하로 줄어든 것이다.

게다가 단순평균 방식을 고집함으로써 시가총액이 큰 기업보다 단순 주가가 높은 기업이 지수 산정 시 영향력이 더 커지는 현상이 발생한다. 예를 들어 미국을 대표하는 두 기업인 마이크로소프트와 맥도날드를 보자. 둘 다 2012년 10월 말 현재 다우존스 산업지수의 산정 대상 종목 30개에 포함돼 있다. 주가는 마이크로소프트가 30달러, 맥도날드는 90달러 수준으로 맥도날드가 3배나 비싸다. 반면 시가총액, 즉 그 기업이 발행한 전체 주식에 그날 주가를 곱한 금액은 마이크로소프트가 2500억 달러인데 반해 맥도날드는 900억 달러에 불과하다. 그렇다면 지수 영향력은? 다우존스 지수에서는 당연히 맥도날드가 마이크로소프트의 3배다. 시가총액은 무시한 채 단순 주가만 감안하기 때문이다. 두 종목이 다 포함되는 스탠더드 앤 푸어스 500지수, 즉 S&P 500지수에서는 시가총액을 기준으로 하므로 거꾸로 마이크로소프트의 지수 영향력이 맥도날드의 3배다.

뭔가 잘못됐다는 생각이 드는가? 그런 점도 있기는 하지만, 사실 이건 다우의 의도를 제대로 이해하지 못한 확대 해석이다. 다우는 평균주가가 전체 주식시장의 추세를 보여주는 통계적 지표라고 생각했고, 그런 점에서 유용성을 활용했지만 그렇다고 그 이상의 중요성을 부여하지는 않았다. 다우가 처음부터 평균주가 산정 종목의 조건으로 거래가 활발한 종목이라야 한다는 점을 강조한 것도 바로 이런 이유에서다.

그래서 다우가 남긴 「리뷰와 전망」 칼럼들 가운데 평균주가를 독립된 주제로 다룬 것은 하나도 없다. 단지 평균주가의 과거 고점과 저점을 현재 수준과 비교함으로써 시장의 흐름을 독자들에게 보다 쉽게 알려주려고 했을 뿐이다. 가령 이런 식이다. "약세장이 진행되고 있는지 여부는 확실히 말할 수 없다. 분명한 것은 1899년 9월의 고점이 1899년 4월의 고점보다 훨씬 높았다는 점이다. 1900년 4월의 고점은 앞선 9월이나 4월의 고점보다 높지 않았다. 이것은 약세장의 신호다. 그럼에도 불구하고 고점들은 비교적 큰 차이가 없었고, 또 상승 추세가 지속될 것인지

혹은 하락이 시작될 것인지 전혀 가늠할 수 없는 불확실한 중간기가 항상 있다."(1900년 5월 9일)

1902년 4월 8일자 칼럼에서는 심지어 평균주가를 너무 중시하지 말라고까지 이야기했다. "1901년 6월 17일과 1902년 4월 4일의 20개 철도주 평균주가를 비교해보면 각 날짜의 평균주가는 117.65와 117. 56으로 사실상 같다. 그런데 평균주가를 구성하는 개별 종목의 주가를 살펴보면 6개는 올랐고, 2개는 거의 그대로였고, 12개는 떨어졌다. 오른 종목 중에서도 2개 종목의 상승폭이 다른 4개 종목에 비해 훨씬 컸다. 여기서 도출할 수 있는 추론은 우리의 평균주가가 지난해 고점까지 도달한 것은 분명하지만 이 사실을 너무 중시해서는 안 된다는 점이다."

다시 말하지만 다우는 평균주가에 집착한 게 아니라 평균주가를 활용하고자 했다. 평균주가는 그저 달을 가리키는 손가락에 불과했다는 말이다. 달을 가리키면 달을 바라봐야지 손가락만 쳐다보는 것은 어리석은 일이다.

주식시장의 세 가지 움직임

다우가 그렇게 해서 파악한 것이 바로 주식시장의 세 가지 움직임이다. 주식시장에는 늘 동시에 함께 움직이는 세 가지 움직임이 있는데, 첫째는 매일매일의 좁은 움직임이고, 둘째는 2주에서 한 달 혹은 그 이상 이어지기도 하는 짧은 출렁임이며, 셋째는 적어도 지속기간이 1년에서 4년이 넘기도 하는 기본적인 흐름이다. 이것이야말로 주식시장에 관한 다우의 가장 중요하고도 독창적인 이론인데, 다우가 이 세 가지 시장 움직임에 대해 설명한 것은 1899년 5월 12일자 칼럼이 처음이다. "주식시장은 세 가지 움직임을 갖고 있다. 통상적으로 0.5~1.5포인트 사이에서 오르내리는 매일매일의 등락이 있다. 그리고 대개 20일에서 40일의 기간을 두고 움직이는 좀더 긴 출렁임이 있다. 마지막으로 중심이 되는 1년 이상 이어지는 큰 흐름이 있다." 1900년 1월 15일자 칼럼에서는 좀더 구체적으로 이야기할 뿐만 아니라 그 기저에 숨어있는 이유까지 설명한다.

시장의 출렁임을 잘 관찰한 학생이라면 주식시장이 세 가지 움직임을 갖고 있으며, 이것들은 각각 별개지만 한데 뭉쳐져 있다는 사실을 발견할 것이다. 가장 일반적으로 발견되는 움직임은 매일매일 발생하는 것이다. 거래가 활발한 주식의 통상적인 움직임은 하루에 평균적으로 0.75~1.25포인트 사이에서 움직인다. 꽤 많은 예외가 있기는 하지만 전체적으로는 맞는다. 이 매일매일의 움직임은 상당한 정도 프로 트레이더들에 의해 만들어진다.

시장의 두 번째 움직임은 시세조종의 결과다. 5만~10만 주 정도를 거래하는 세력들은 매매를 완결하기 위해서는 시장을 3~6포인트 움직여야 한다. 이런 움직임은 대개 완성되는 데 20~40일이 걸린다. 이런 움직임의 평균적인 폭은 약 5포인트다. 이런 움직임이 일어나는 시기에도 매일매일의 등락은 중단 없이 이어진다. 만일 30일간의 출렁임이 상승세라면, 하락한 날은 적고 상승한 날이 많을 것이며, 30일간의 출렁임이 하락세였다면 상승한 날이 적고 하락한 날이 더 많았을 것이다. 시장의 세 번째 움직임은 몇 년 이상 이어지는 큰 흐름이다.

이제 다우가 바닷가에서 무엇을 지켜봤는지 이해가 될 것이다. 중심이 되는 시장의 큰 흐름은 대양의 해류와 같은 거대한 조류라고 할 수 있다. 중간중간의 출렁임은 반작용으로 나타나는 파도라고 할 수 있는데, 바닷물이 빠지는 썰물 중에도 해변을 덮치는 파도가 일고 또 바닷물이 차오르는 밀물 중에도 바다로 되밀리는 파도가 생기는 것과 비슷하다. 하루 단위의 주가 등락은 그 자체로는 아무것도 아닌 잔물결과 물거품 같은 것이지만, 그것도 엄연히 바다를 이루는 한 요소다.

"시장은 모든 것을 반영한다"

바로 여기서 다우 이론은 출발한다. 다우 이론은 다우가 죽은 뒤에야 이름 붙여진 것으로, 훗날 이를 체계화하는 데 결정적인 역할을 한 인물이 윌리엄 피터 해밀턴과 로버트 레아다. 해밀턴은 1907년에 〈월스트리트저널〉의 네 번째 편집국장이 돼 1929년까지 22년간 재직했는데, 1899년 〈월스트리트저널〉에 기자로 입사해 다우를 바로 곁에서 지켜본 인물이다. 그는 스스로 다우 이론을 바탕으로 썼다고 하는 「주가의 흐름The Price

Movement」 칼럼을 20년 넘게 집필했고, 1922년에는 다우 이론의 논리적 기반을 정립했다고 평가 받는 《주식시장 바로미터The Stock Market Barometer》를 저술해 주식시장이 한 나라 경제의 바로미터라는 점을 설파했다. 레아는 해밀턴의 칼럼과 저서를 토대로 독학으로 다우 이론을 공부하고 가다듬어 1932년에 《다우 이론The Dow Theory》을 출간했다.

이 두 사람이 정리한 다우 이론에서 가장 중요한 명제로 내세우는 것은 다음 세 가지다. (1) 평균주가에는 세 가지 움직임이 있다: 이들 세 가지 주가 움직임은 동시에 이뤄진다. 가장 중요한 첫 번째 움직임은 기본적인 주가 흐름으로, 몇 년간 이어질지도 모를 대세상승이나 대세하락 같은 시장의 긴 강세 흐름 혹은 약세 흐름이다. 두 번째 움직임은 스윙이라고 하는 2차적인 조정이나 반등이다. 기본적인 주가 흐름은 강세장인데 급락한다거나 기본적인 주가 흐름은 약세장인데 갑작스럽게 랠리가 나타나는 것이다. 이런 2차적인 조정이나 반등은 대개 3주에서 길어야 몇 달 정도 이어진다. 그리 중요하지 않은 마지막 세 번째 움직임은 매일매일의 주가 등락이다. (2) 평균주가는 모든 것을 전부 반영한다: 매일같이 변동하는 다우존스 산업 평균주가와 철도 평균주가는 모든 희망과 실망, 그리고 경제와 관련된 어떤 사실이든 그것을 알고 있는 모든 사람의 지식을 전부 반영한 종합적인 주가지수다. 그런 점에서 평균주가의 흐름에는 다가올 모든 사건의 영향이 적절하게 할인되어 반영돼 있다. 또한 대홍수나 지진과 같은 자연적 재난들도 순식간에 평균주가에 반영된다. (3)

시세조종: 매일같이 변동하는 평균주가는 시세조종 세력에 의해 영향을 받을 수 있다. 2차적인 조정이나 반등 역시 어느 정도 한계는 있지만 시세조종 세력이 영향을 줄 수 있다. 그러나 기본적인 주가 흐름은 어떤 시세조종 세력도 절대 움직일 수 없다.

사실 다우 이론이라는 말을 처음으로 만든 사람은 새뮤얼 암스트롱 넬슨이다. 넬슨은 원래 〈월스트리트저널〉에서 자사 기자들이 쓴 저작물을 "월 스트리트 라이브러리(Wall Street Library)" 시리즈로 출간하기 위해 편집자로 선발한 인물로, 다우가 죽은 이듬해인 1903년에 《주식 투기의 기초The A B C of Stock Speculation》를 시리즈 가운데 한 권으로 냈다. 이 책에서 넬슨은 다우가 쓴 「리뷰와 전망」 칼럼 16편을 다우 이론이라는 이름을 붙여 실었는데, 이렇게 해서 다우 이론이 세상에 처음으로 알려지게 된 것이다. 넬슨은 당초 다우에게 주식 투자와 관련된 책을 한 권 써달라고 여러 차례 권유했지만 다우가 거절하자 결국 자신이 집필한 책에 다우의 칼럼을 넣은 것인데, 35개 장 가운데 15개 장(1개 장은 칼럼 2편을 합쳐서 실었다)이 다우의 글이었다. 해밀턴은 《주식시장 바로미터》에서 넬슨의 책에 대해 이렇게 썼다.

이 책에 실려있는 다우의 칼럼은 "과학적 투기" "시장을 읽는 방법" "거래의 기술"이라든가 주식시장의 일반적인 출렁임과 같은 주제를 다루고 있는데, 하나같이 무척이나 흥미로울 뿐만 아니라 여기서 다시 그 내용 전부를 인용해도 전혀 이상하지 않을 정도다. 넬슨의 책은 작지만 아주 꼼꼼하게 구성돼 있고, 투자자들에게 상당히 도움이 되는 내용을 담고 있다. 넬슨 역시 덩치는 작았지만 매우 꼼꼼하면서도 사려 깊은 인물이었다. 누구나 그를 좋아했고, 그와 함께 웃었지만 젊은 기자들은 그가 자신을 대하는 것처럼 그렇게 진지하게 그를 받아들이지 못했다. 지금 이 글을 쓰는 책상 위에는 그가 자필 서명을 한 그의 책 한 권이 놓여 있다. 주식 투기의 도덕성에 대해 다소 보수적인 관점에서 서술한 그의 책을 읽을 때면 그의 감상적인 분위기와 진지하면서도 어딘가 아픈듯한 표정이 떠오른다.(그는 결핵으로 숨을 거뒀다.) 그는 책을 쓴 뒤 얼마 지나지 않아 자신이 가장 사랑했던 월 스트리트를 영원히 떠났지만 "다우 이론"이라는 이름을 만들어낸 사람은 바로 그였다. "다우 이론"이야말로 전적으로 다우에게 붙여진 명예로운 칭호다. 많은 사람들은 주식시장의 흐름을 추적하면서 그것이 과연 어떤 의미를 갖는 것인지 생각해본다. 주식 거래의 가장 훌륭하면서도 유용한 바로미터를 그려보는 것이다. 그리고 실제 투자의 세계에서 사용할 수 있도록 이 같은 생각을 처음으로 공식화한 인물이 바로 다우였다.

해밀턴이 쓴 《주식시장 바로미터》는 지하세계의 희미한 그림자처럼 남아있던 다우 이론을 밝은 세상으로 끌어내 명확한 체계를 갖추도록 한 공이 컸지만, 《주식 투기의 기초》와는 달리 다우가 언급하지 않은 내용마저 다우 이론으로 함께 포장하는 과도 저질렀다. 가령 시장의 추세가 변했다는 신호는 반드시 철도 평균주가와 산업 평균주가가 같이 움직여서 서로를 확인시켜 주어야 한다고 주장했는데, 다우는 어디서도 이런 글을 쓴 적이 없다. 다만 주식시장이 모든 경제 활동을 반영하는 바로미터라는 주장은 다우의 의도를 정확히 포착한 것이다. 주식시장에 의미 없는 움직임은 없다는 것이나 주가의 변동은 한참이 지나서야 그 의미가 드러날 때도 있고, 때로는 영영 그 의미가 파악되지 않은 채 지나가기도 한다는 대목 역시 마찬가지다.

다우는 특히 주식시장이 앞으로의 경제 여건을 미리 반영한다는 점을 여러 차례 강조했는데, 다만 간과해서는 안 될 몇 가지 중요한 점들을 지적했다. 가령 1899년 5월 19일자 칼럼에서 다우는 현재의 주식시장 상황을 관찰하면서 이렇게 지적했다. "월 스트리트는 미래를 미리 반영한다. 그러나 가장 능력 있는 리더들은 대중들보다 너무 앞서 나가는 바람에 종종 틀린다."

1900년 5월 10일자 칼럼에서는 더욱 분명하게 말했다. "주식시장은 추세를 미리 반영한다. 경기 호전이 발표되기 전에 주가는 오른다. 경기 침체가 실제로 나타나기 전에 주가는 경기 침체를 미리 반영한다. 그러나 주가의 이런 선 반영은 극단으로 흐른다. 주가는 있는 그대로의 것뿐만 아니라 그림자까지 미리 반영하고, 때로는 발생하지 않은 것까지도 기대한다." 다우는 무척 신중한 논조를 밝히기도 했는데, 1899년 7월 26일자 칼럼에서는 이렇게 썼다.

강세장을 만든 요인들은 분명히 아주 강력하지만 그것을 앞에 두고서도 매수에 주저주저한다. 이런 점에서 보자면 월 스트리트가 국가 경제보다 늦게 움직이는 것 같다. 모든 분야에서 나오는 리포트들에 따르면 기업 활동은 활발하고, 노동력은 충분히 고용돼 있으며, 기업인은 돈을 벌고 있다. 이런 여건 덕분에 이미 거래소의 모든 업종에서 주가가 꽤 높아졌다. 문제는 월 스트리트가 이런 여건을 완전히 반영한 것인지, 아니면 아직도 더 반영할 것이 남아있는지 여부다. 지난 6개월 사이 평균주가는 충분히 올라 경제 번영의 상당 부분이 미리 반영됐음을 알려준다.

주식시장이 완벽하지는 않더라도 경제를 예측하는 유용한 선행지표라는 점은 이제 상식처럼 받아들여지고 있다. 그러나 다우는 예의 신중한 성격답게 예측이라는 단어는 쓰지 않고 미리 반영한다는 조심스러운 표현을 사용했다. 사실 다우가 활동하던 시절만 해도 주식시장이 경제 상황을 미리 반영한다고 생각하던 사람은 아무도 없었다. 그런 점에서 오히려 다우는 주식시장을 경제를 분석할 수 있는 더 없이 좋은 수단으로 삼았을 것이다. 이를 위해서는 무엇보다 먼저 주식시장을 가늠해야 하는데, 다우는 평균주가에서 그 방법을 찾았다. 다우는 주가지수라는 지표를 통해 주식시장을 처음으로 측정하고, 이를 기초로 경제를 분석했던 최초의 인물일 뿐만 아니라 지적인 선구자이기도 했다.

7
가치 투자

주식시장을 분석하는 목적은 앞으로의 주가 흐름을 예측하려는 것이다. 정확한 예측에는 보상이 따른다. 이게 주식시장의 매력이고, 너도나도 주식 투자에 뛰어드는 이유다. 그러나 한 치의 오차도 없는 정확한 주가 예측은 불가능하다. 그렇다면 근사치는 가능할까? 경제학자들은 그것도 대단히 어렵다고 말한다.

프랑스의 수학자 루이 바슐리에는 1900년에 발표한 그의 박사학위 논문에서 "투기의 수학적 기대치는 0(제로)"이라는 점을 밝혀냈다. 수 년간 주식시장의 예측 가능성을 연구했던 알프레드 코울스 역시 1933년 학회지 〈이코노메트리카Econometrica〉에 실린 "시장 분석가는 주식시장을 예측할 수 있는가?(Can Stock Market Forecasters Forecast?)"라는 제목의 논문에서 "회의적"이라고 결론을 내렸다.

그래도 투자자들은 미련을 갖는다. 왜냐하면 보상이 주어지니까, 다시 말해 잘만 맞추면 큰돈을 벌 수 있기 때문이다. 오죽했으면 20세기 초 월 스트리트에서 제일 인기 있었던 분석가가 에반젤린 애덤스라는 점성가였 겠는가. 에반젤린은 점성술 하나로 다가올 주식시장의 움직임을 비롯해 대지진 같은 돌발사건과 유명 인사의 죽음까지 예측했는데, "월 스트리 트를 이기는 확실한 시스템(A Guaranteed System to Beat Wall Street)"이라는 부제가 달린 월간 뉴스레터를 발행하기도 했다. 이 잡지는 한때 구독자 가 12만5000명에 달했고, 당대 최고의 금융인이었던 J.P. 모건과 철강재 벌 찰스 슈왑을 비롯해 내로라하는 은행가와 기업인이 단골손님으로 이 여성 점성가를 찾았을 정도였다.

어쨌든 많은 사람들이 이렇게 주가 예측에 매달리는 진짜 이유는 물 론 아무도 시장을 예측할 수 없기 때문이다. 남들도 다 정확히 예측할 수 있다면 애써 시장을 분석하고 있을 필요가 없다. 역설적으로 말해 다들 틀리니까 "나만은 맞출 것이라고" 도전하는 것이다. 그래서 과학적 분석 이라는 수식어를 붙인 온갖 분석 방법과 이에 정통하다는 자칭 전문가 들이 각종 그래프와 통계수치로 무장하고서 증권가를 휘젓고 다닐 수 있는 것이다.

주식시장을 분석하는 방식은 크게 기본적 분석과 기술적 분석으로 나 눌 수 있다. 기본적 분석은 기업의 내재가치를 찾아내는 데 초점을 맞추 는 반면, 기술적 분석은 과거와 현재의 주가 흐름을 중시한다. 기본적 분 석은 장기적으로 주가가 내재가치에 따라 결정된다는 전제에서 출발하고, 기술적 분석은 과거와 현재의 주가에 모든 게 반영돼 있기 때문에 이를 분석하면 미래의 주가를 추론할 수 있다고 주장한다.

두 방식 중 어느 게 더 나은지는 딱 잘라 말하기 힘들다. 주식시장 자체가 원래 정답이 없는 분야니 말이다. 그런데 한 가지 꼭 짚고 넘어가야 할 것은, 기술적 분석의 뿌리가 찰스 다우에 있다는 주장이다. 많은 사람들이, 소위 주식 전문가라고 하는 사람들까지도, "기술적 분석은 다우 이론을 주장한 찰스 다우로부터 비롯됐다고 보는 게 정설"이라고 말한다.

이 같은 주장은 다우가 평균주가를 만든 이유가 주식시장의 추세를 알기 위한 것이었고, 추세 자체가 과거와 현재의 주가 흐름을 근거로 미래를 예측하려는 것이라는 전제에서 출발한다. 또한 파동이니 최소 저항선, 신고점과 신저점 같은 지금도 기술적 분석에서 많이 쓰는 개념과 용어를 다우가 처음으로 만들었고, 실제로 그의 칼럼에서도 자주 사용했다. 게다가 다우 이론의 계승자라고 할 수 있는 윌리엄 피터 해밀턴과 로버트 레아가 평균주가를 이용해 향후 주식시장의 방향성을 예측했기 때문에 당연히 기술적 분석을 다우가 처음으로 창안했을 것이라고 생각하는 것이다.

시장은 누구도 예측할 수 없다

그런데 이건 좀 너무 나간 확대 해석이다. 넓게 봐서 다우가 기술적 분석의 틀을 제공했다고 볼 수는 있지만, 다우는 기술적 분석의 창시자도 아니고 옹호하지도 않았다. 엄격하게 말해 다우는 누구도 시장을 정확히 예측할 수 없다고 전제했다는 점에서 기술적 분석가가 아니다. 지금부터 살펴보겠지만 다우는 철저한 가치 투자자였고, 그런 점에서 기본적 분석을 더 선호했다고 말할 수 있다.

다우가 〈월스트리트저널〉 1901년 7월 20일자에 쓴 "시장을 읽는 방법(Methods of reading the market)"이라는 제목의 칼럼은 주식시장의 흐름과 기업의 가치가 어떻게 연관되는지를 설명한 것으로, 가치 투자가 무엇이며 가치 투자자는 어떻게 해야 하는지를 알기 쉽게 정의한 기념비적인 글이다.

시장을 읽는 최선의 방법은 가치 투자의 시각으로 바라보는 것이다. 주식시장은 바람에 따라 이리저리 날아다니는 풍선 같은 게 아니다. 전체적으로 볼 때 시장은 통찰력이 있으며 많은 지식을 갖고 있는 사람들의 진지하면서도 사려 깊은 노력을 반영한다. 이들은 주가를 그 기업의 현재 가치 혹은 그리 멀지 않은 장래에 가질 것이라고 예상되는 가치에 근접하도록 조정해나간다. 시장에 결정적인 영향을 미치는 투자자들이 갖는 생각이란 주가가 오를 것인지의 여부가 아니다. 이들은 자신들이 매수하려는 주식의 자산가치가 지금으로부터 6개월쯤 뒤 다른 투자자나 투기자들로 하여금 지금보다 10~20달러 더 높은 가격에도 매수하게 할 것인지 여부를 따져본다.

그러므로 시장을 읽는 데 가장 중요한 포인트는 어떤 주식의 내재가치가 앞으로 3개월 후 어느 정도가 될 것인지 찾아내는 것, 그리고 시세조종 세력이나 투자자들이 이 종목의 주가가 내재가치에 근접하도록 주가를 올리고 있는지 여부를 관찰하는 것이다. 이런 방식으로 하면 주식시장의 흐름이 확연하게 드러날 것이다. 어느 주식의 내재가치를 안다는 것은 현재 주식시장의 흐름이 어떤 의미인지를 이해하는 것이다.

1902년 6월 20일자에 실린 "가치의 포지션(The Position of Values)"이라는 제목의 칼럼에서는 주가의 결정 요소로 가치를 절대적이라고 이야기하고 있다. "생명보험 사업은 일정 계층의 인구 1000명 당 20명 정도가 매년 죽을 것이라는 사실에 기초하고 있다. 그 규모는 나이와 생활환경에 따라 다르지만 사업의 구조는 바뀌지 않는다. 과학적 투기도 이와 비슷한 조건을 기반으로 한다. 주식의 일시적인 움직임이 어떻게 될지는 말할 수 없지만, 장기적으로 주가가 가치의 변화에 대응할 것이라는 점만큼 확실한 것도 없다. 기대되는 사건들을 충분히 반영해야 할 것이고, 일시적으로 가치보다 더 강력할지도 모를 여건들의 효과를 감안해야 하겠지만 투자자는 주식이 일시적으로 너무 높아졌든 혹은 너무 낮아졌든 관계없이 잠시 뒤면 가치가 스스로 거듭 주장할 것이라는 사실을 알고 있다. 투기에 포함된 다른 요소들도 영향을 미치지만 가치는 절대적이다."

앞서 평균주가의 탄생 과정을 설명하면서 다우가 주식시장의 파동을 바다의 조류에 비유한 칼럼을 소개했다. 다우는 이것 외에도 주식시장과 바다의 조류를 비교한 칼럼을 여럿 썼는데, 이 글들을 하나씩 찬찬히 읽어가다 보면 그가 투자자들에게 꼭 전하고 싶었던 메시지가 무엇이었는지 새롭게 와 닿는다. 조류가 밀려들고 나가는 것처럼 주식시장도 끊임없이 출렁이겠지만 단 하나 변하지 않는 것이 있다면 궁극적으로 주가는 가치를 찾아간다는 것이다.

"3~4년씩 이어지는 강세장은 거세게 밀려드는 조류와 같다. 뜰 수 있는 것은 전부 띄워버린다. 여기에는 가치가 없는 것도 부지기수고, 나중에 조류가 물러나면 도저히 팔 수 없는 것들까지 늘 있게 마련이다."(1900년 5월25일)

"유목(流木)은 항상 조류에 떠다닌다. 시장을 떨어뜨리는 재료가 나타나면 지금까지 그 매력 이상의 주가로 팔렸던 수많은 주식들이 마치 우량주가 힘차게 올랐을 때처럼 하릴없이 미끄러질 것이다. 주가가 많이 떨어지는 주식과 적게 떨어지는 주식의 차이는 가치의 차이다. 하나는 지속적인 순이익을 내는 반면 다른 하나는 순이익이 없기 때문에 이 차이는 계속 더 벌어진다."(1901년 3월 7일)

"강하게 올라오는 투기의 조류는 우량주뿐만 아니라 부실주까지 띄워 올린다. 그러나 조류가 방향을 틀면 부실주는 좌초한다. 이런 주식은 시장성이 없어 이를 보유한 개인이나 기관에게 애물단지로 전락한다. 반면 우량주는 계속해서 떠다닌다. 시장성이 있으므로 얼마든지 매매할 수 있

고 손실이 나더라도 최소화할 수 있다."(1901년 6월28일)

"강세장은 풍선이 부풀어오르듯 계속 팽창하지 않는다. 오히려 조류가 밀려드는 것과 비슷하다. 주가는 결과지 원인이 아니다. 강세장은 가치에 비해 주가가 낮은 수준일 때 출발해 경기가 개선되기 시작하고 이익이 늘어나기 시작하면 이에 따라 주가도 점차 올라가는 것이다."(1902년 1월 11일)

"가치는 순이익에서 나온다"

이와 관련해 한 독자가 다우에게 조언을 요청했다. 그의 칼럼들이 소액투자자들에게 도움이 된다며 유가증권의 가치를 확인할 수 있는 방법을 좀더 자세히 설명해 달라고 편지를 보내온 것이다. 다우는 1902년 8월 9일자 칼럼에서 이렇게 답했다. "가치를 결정하는 데 제일 중요한 것은 철도회사의 손익이 어떻게 구성되는지 이해하는 것이다."

그는 철도회사의 손익계산서 항목을 하나씩 설명하고, 다양한 계산을 거쳐 주당 순이익을 도출했다. 이것은 주주에게 배당 가능한 금액이다. 물론 다우는 이 금액 중 일부만이 분배될 것이라고 독자들에게 주의를 당부했다. 다우는 독자들에게 개별 기업의 과거 기록뿐만 아니라 기업에 관한 배경 정보를 얻는 데 필요한 다양한 통계 편람에 대해서도 언급했다. 이런 통계 편람으로부터 얻어진 데이터는 〈월스트리트저널〉에 게재되는 각 기업의 최근 실적 발표를 보충함으로써 계속 업데이트할 수 있다고 덧붙였다. 다우는 끝으로 관심을 갖고 있는 기업의 사업보고서에서도 도움을 받으라고 조언했다.

다우는 여기서 철도회사를 예로 들었는데, 당시 철도주는 산업주에 비해 재무구조나 사업내용이 훨씬 건전하고 안정적인 주식으로 손꼽혔다. 그런데도 자산가치가 아닌 손익 구조를 살펴보라고 한 것은 주목할 만하다. 1900년 5월 19일자에서도 철도주를 예로 들어 이렇게 설명했다. "불확실성 속에서도 한 가지 확실한 사실이 있다. 이 칼럼을 읽는 독자들에게는 새로운 게 아니지만, 현장에서 적용하는 데 결코 시대에 뒤떨어지지 않을 것이다. 장기적으로는 가치가 말해준다. 철도주의 가치는 어느 정도 합리적으로 확인할 수 있다. 만일 철도주가 실질 가치, 그러니까 들리는 소문에 의해서가 아니라 신중하게 조사한 수치에 따른 실질 가치 미만으로 거래되고 있다면 이 주식은 비록 시장 전반이 하락하더라도 올라갈 것이다. 만일 이 주식이 실질 가치보다 높게 거래된다면 그 가치를 향해 서서히 떨어질 것이다. 가치는 늘 변하지만 사실에 따라 측정하고자 한다면 충분히 알아낼 수 있다."

1901년 1월 19일자에서는 당시 대표적인 철도기업이었던 유니언 퍼시픽의 예를 들어 진정한 가치주 투자가 어떤 것인지를 설명하고 있다. "트레이딩의 방식(Methods of Trading)"이라는 제목이 붙어 있는 이 칼럼을 읽어보면 다우의 생각을 이해할 수 있다.

어떤 주식이 진정한 투자 대상인가? 대개의 경우 이런 주식이라야 한다. 우량 철도주처럼 정기적으로 배당금을 지급하고, 꾸준히 영업이익과 순이익을 내고 있으며, 회사의 재무상황을 비롯한 각종 정보를 충분히 공개하는 기업의 주식이다. 배당금과 이익, 정보공개는 많으면 많을수록 좋다. 이 같은 주식은 그 가치를 평가할 수 있는 근거를 비교적 정확히 파악할 수 있다. 주식의 가치는 반드시 향후 배당금 지급이 계속 유지되거나 증액될 수 있는가를 고려해 판단해야 한다. 만일 현재와 같은 배당 수익률이 앞으로도 꾸준히 이어질 것으로 예상되고, 자본 수익률이 상당히 만족스러운 수준이라면 훌륭한 매수 대상이다. 시장이 전반적으로 하락세에 있어 주가가 적정 가치를 밑돌 때 이런 주식을 매수하면 좋을 것이다. 유니언 퍼시픽 보통주를 예로 들어보자. 몇 달 전 이 주식은 50~60달러에 거래됐다. 배당 수익률은 4%, 자본 수익률은 8% 이상이었다. 주가는 확실히 적정 가치를 밑돌고 있었다. 그 이후 유니언 퍼시픽의 주가는 지금까지 30달러 이상 상승했다. 물론 이 종목만큼 주가가 적정 가치 미만인 경우가 아니더라도 훌륭한 매수 대상 주식을 찾을 수 있을 것이다. 3개월 전만 해도 대부분의 철도주 주가가 적정 가치를 밑돌았다.

물론 이런 범주에 드는 종목은 매우 드물고, 따라서 투자자 입장에서는 정확한 분석 없이 성급하게 매수해서는 안 된다. 주가가 이미 올라버렸다 해도 참고 기다리면 매수할 기회, 즉 다시 조심스럽게 매수해도 괜찮은 수준 아래로 주가가 떨어질 때가 오게 돼있다. 이런 타이밍이 반드시 올 것이라고 생각해보자. 현명한 투자자라면 우량 철도주를 매수하되 정확한 매수 타이밍에 사들일 것이고, 진정한 투자 대상으로 매수한 것이므로 주가가 하락하는 경우에도 계속 보유할 것이다. 주가가 큰 폭으로 떨어진다면 오히려 추가로 더 매수해 평균 매수단가를 떨어뜨리는 게 현명한 행동이 될 것이다. 물론 추가 매수는 주식의 적정 가치에 어떤 변화가 있었는지, 또 주식시장 전반의 흐름은 어떻게 변했는지 살펴본 다음에 이뤄져야 한다.

이런 주식은 하루하루의 주가 등락은 무시한 채 만족할 만한 수익을 거둘 때까지 보유한 뒤 매도해야 한다. 매도한 다음에는 매수하기에 충분한 조건을 갖춘 진정한 투자 대상이 나타날 때까지 몇 주 혹은 몇 달씩 기다려야 한다.

그때그때의 시장 움직임에 일희일비하는 사람은 절대 크게 성공할 수 없다. 주식으로 큰돈을 버는 사람은 주식을 투자의 대상으로 여기고, 투자할 주식을 신중하게 고르며, 시장이 전반적으로 하락한 다음에 사들이고, 매수 타이밍과 매도 타이밍을 잡기 위해 참고 기다릴 줄 아는 투자자다.

가치를 모르면 투자하지 말라

이처럼 다우가 독자들에게 끊임없이 강조했던 가르침은 장기적으로 주가는 가치를 따라간다는 것이었다. 매일매일 시시각각 변해가는 주식 시세표를 보면 모든 종목의 주가가 다 함께 출렁이는 것 같지만, 궁극적으로 주가는 가치를 따라가는 법이라는 게 다우의 일관된 생각이었다. 1901년 10월 17일 칼럼에는 그의 이런 투자 철학이 잘 나타나 있다.

주식의 가치란 시간이 지나면 결국 빛을 발하게 된다. 내재가치가 아주 뛰어난 우량주와 내재가치가 형편없는 주식이 어느 시점에는 똑같은 가격으로 거래되기도 한다. 하지만 두 주식이 6개월 정도 등락을 거듭하며 움직인 다음에는 우량주와 그렇지 않은 주식의 주가 차이가 10%이상 벌어지게 된다. 이 기간 중 대여섯 번 나타난 하락 조정과 반등 랠리 때마다 우량주는 덜 떨어지고 더 많이 올랐을 것이기 때문이다.

이런 차이를 잘 관찰하면 다음 약세장이 언제 시작되든 이 시기에 무슨 일이 벌어질지 정확히 알 수 있다. 모래를 체로 쳐서 자갈을 골라내듯 우량주가 그렇지 않은 주식들 틈바구니에서 빛을 발하는 것이다. 물론 어느 날 혹은 특정 시점에 분명하게 드러나는 것은 아니다. 하지만 멀리서 바라보면 충분히 식별해낼 수 있다. 주식의 가치가 크게 높아지면 약세장에서도 주가가 상승한다. 시장 전반이 하락했던 1881~1885년 사이 맨해튼 철도는 시장의 출렁임에 따라 함께 움직였지만 결국 주가는 30달러 수준에서 100달러까지 상승했다. 이 기간 중 순이익이 계속 증가해 주식의 가치도 꾸준히 그리고 아주 큰 폭으로 높아졌기 때문이다.

여기서 배워야 할 교훈을 정리해보자. 주식 투자자는 그 가치를 분명히 파악했다는 확신이 들지 않는 이상 절대 주식을 거래해서는 안 된다. 주식의 가치에 영향을 주는 변동 요인을 점검할 수 없다면 역시 주식을 거래해서는 안 된다. 따라서 주식 투자자는 자신이 매매하려는 종목의 주가가 현재 그 주식의 가치보다 높은지 혹은 낮은지를 확실히 알고 있어야 한다. 만약 시장 전반이 하락세를 타고 있는데도 어떤 종목이 유독 강세를 보이며 적정 가치를 웃도는 주가로 거래되고 있다면 이런 종목은 일단 매도한 뒤 시장의 하락세가 끝난 다음 재매수를 고려해야 한다. 시장이 상승세를 타고 있을 때는 반드시 주가가 가치를 밑도는 종목을 매수해야 하며, 상당한 수익을 거둔 다음 매도를 고려해야 한다.

다우는 특히 가치가 기업 실적, 즉 순이익에 의해 결정된다고 봤다. 그런 점에서 개별 종목의 주가 결정 요인으로, 총자산 금액에서 총부채 금액을 뺀 순자산가치를 무엇보다 중시하는 벤저민 그레이엄 식의 가치이론과는 뚜렷이 구분된다. 사실 주식시장의 오랜 논쟁거리 가운데 하나가 바로 내재가치를 둘러싼 것인데, 주가가 내재가치에 따라 결정된다는 주장을 받아들인다 해도 주식의 정확한 내재가치를 어떻게 구해낼 수 있는가 하는 것이다. 그레이엄은 1934년 발표한 그의 기념비적인 저서 《증권분석Security Analysis》에서 계량화된 숫자로 확인할 수 있는 순자산가치만이 투자의 안전성을 보장할 수 있으며, 따라서 이것이 진정한 내재가치라고 주장했다. 한마디로 기업이 오늘 당장 문을 닫는다 해도 주주들에게 돌려줄 수 있는 청산가치보다도 주가가 낮은 기업의 주식을 사면 절대로 손해를 보지 않는다는 말이다.

내재가치

그레이엄 추종자들은 그래서 대차대조표를 철저히 분석해 기업의 숨겨
진 자산을 찾아내는 데 주력한다. 그러나 그레이엄의《증권분석》이 출간
된 시점은 대공황이 한창이던 시절로, 주식시장에서 거래되던 대부분의
상장 기업들 주가가 청산가치를 밑돌던 무렵이었다. 그때는 분명히 예외
적인 시기였다. 사실 회계관행 상 장부가치가 실제가치를 정확히 반영할
수 없는 상황에서 장부가치만을 보여주는 대차대조표로 내재가치를 측
정한다는 것은 무리다.

　그레이엄에 앞서 "가치가 있다는 것은 무엇인가?"에 대한 답을 구했던
경제학자가 있었으니, 어빙 피셔다. 그는 1930년에 발표한《이자론The
Theory of Interest》에서 이렇게 단정지었다. "가치란 소득을 자본화한 것
이다. 그 이상도 그 이하도 아니다." 1929년 미국 주식시장 대폭락 직전
"주가는 이제 영원히 이어질 고원지대에 도달했다"고 말하는 바람에 한
치 앞도 내다보지 못한 경제학자의 대명사로 기억되는 피셔지만, 그가 남
긴 배당할인모델(DDM, discounted dividend model)은 여전히 현대 투자이론
의 한 토대를 제공하고 있다.

　주식이나 채권의 가치는 미래 소득 흐름의 현재가치라는 게 배당할인
모델인데, 좀더 간단히 이야기하자면 주가는 그 주식의 소득 흐름이라는

것이다. 소위 전문가들은 심하게 말해 이 방식을 이해하고 있느냐의 여부에 따라 프로와 아마추어 투자자를 구분하기도 하고, 배당금 지급 능력과 관계없이 무조건 주가가 오를 것이라는 희망만으로 주식을 매수하는 것은 투자가 아니라 투기라고 간주한다.

그런데 이 방식에 의해 주식의 진정한 내재가치를 구한다고 해도, 어떻게 앞으로 매년 지급할 배당금을 정확히 예측할 수 있으며, 합리적인 할인율은 얼마로 해야 할 것인가는 여전히 숙제로 남는다. 그래도 이 모델이 당당히 현대 투자이론의 한 기둥으로 인정받는 이유는 주식의 가치를 판단할 수 있는 직관적인 방법을 제공해주기 때문이다. 주식이란 그저 매일같이 가격이 오르내리는 종이쪼가리에 불과한 것 같지만, 실은 미래의 실제 소득에 대한 청구권이라는 사실을 알려주는 것이다.

배당할인모델이 나오기 30년 전에 다우가 강조했던 내용도 이것이다. 1902년 4월 22일자 칼럼에서 다우는 이렇게 썼다. "가치는 주가를 만들고, 순이익은 가치를 만든다. 순이익은 가치를 만들고, 장기적으로 작황이 순이익을 만든다." 여기서 순이익의 결정 요소로 농산물 작황을 들었다는 점은 당시까지도 미국 경제에서 농업 생산이 차지하는 비중이 얼마나 컸는지를 알려준다.

1902년 1월 28일자에서는 순이익과 함께 배당금의 안정성을 지적했다. "배당 가능한 순이익의 안전마진보다 더 주식을 강하게 하는 것도 없다. 배당금의 안정성에 대한 의심보다 더 주식을 약하게 만드는 것도 없다.

은행주의 주가는 배당금 대신 이익에 의해 거의 일정하게 결정된다. 은행주는 배당금이 발표되기 전에 매우 높은 가격으로 거래되는 일이 드물지 않은데, 이것은 잉여금이 납입 자본금에 근접할 때까지 모든 이익을 유보하도록 한 정책 때문이다."

여기서 다우가 언급한 안전마진(margin of safety)은 순이익과 배당금의 차이, 즉 순이익에서 배당금을 지급하고도 남는 금액을 의미한다. 안전마진이란 용어는 원래 현재의 매출액(생산액)과 손익분기점이 되는 매출액(생산액) 간의 차이를 뜻하지만, 투자론에서는 주식의 내재가치와 시장가격 간의 차이, 혹은 배당 수익률과 기대 수익률 간의 차이 등을 말할 때도 쓴다. 어떤 의미로든 안전마진은 클수록 좋다. 1901년 6월 13일자 칼럼에서는 안전마진을 현명한 투자 방식의 한 요소로 설명하고 있다.

현명한 투자자가 훌륭한 수익을 거둘 수 있는 한 가지 방법은 주식을 투자의 대상으로 매수하는 것이다. 즉, 어떤 기업의 주가가 그 가치보다 싸게 팔릴 때를 노려서 매수한 다음, 주가가 그 가치를 넘어설 때까지 기다리면 결국 이 차이를 수익으로 얻을 수 있다. 여기서 주식의 가치는 배당금에 대한 안전마진과 순이익의 규모 및 추세, 재무상태 및 영업활동의 건전성, 전반적인 미래 전망에 따라 결정된다. 꽤 복잡해 보이지만 하나씩 따져보면 특별히 어려울 것도 없다.

예를 들어 1년 전만 해도 기업들의 순이익은 전년도에 비해 크게 증가하

고 있었던 반면, 기업의 경상비용은 전혀 늘어나지 않았다. 따라서 주가
는 떨어지고 있었지만 실제 주식 가치는 높아졌던 것이다. 당연히 이런 상
황은 무한정 계속될 수 없다. 기업들의 순이익이 감소하든가 아니면 주가
가 올라야 한다. 많은 주식들이 실적에 비해 주가가 너무 싼 편이었고, 이
건 누가 봐도 명백한 사실이었다.

이와 마찬가지로 현재 시점(1901년)을 돌아보면 대부분의 주식들이 실적
에 비해 주가가 너무 비싼 편이다. 기업들의 지난해 순이익이 어느 정도
증가한 것은 사실이지만 많은 종목의 주가가 50~100%나 상승했다. 그러
다 보니 어떤 잣대로 평가하더라도 대다수 종목의 주식 가치가 주가에 훨
씬 못 미치고 있는 것이다.

어쨌든 다우는 가치가 주가를 결정하기 때문에 무슨 일이 있어도 투자
의 기준은 가치에 두어야 한다고 강조한다. 가치가 주가를 결정할 수 있
는 이유는 다름아닌 가치에 기초해 행동하는 투자자들 덕분이다. 바로
이들이 장기적으로 주가를 결정해나간다는 게 다우가 내린 결론이다. 이
와 관련된 칼럼을 몇 가지 읽어보자.

"금융의 세계에서 투자자들이 장기적으로 유가증권의 가격을 결정한
다는 것만큼 확실한 것도 없다. 주식과 채권 가격은 특별한 이유로 인해
일시적으로 자신의 가치보다 높아지거나 낮아질 수 있다. 그러나 결국 주
가를 높이거나 낮춘 세력은 특정 유가증권의 적절한 가격에 대해 내린

투자 대중의 판단을 받아들여야 한다."(1900년 5월 2일)

"투기에는 단 한 가지 변하지 않는 법칙이 있다. 그것은 장기적으로 가치가 주가를 결정하고, 시장을 만드는 모든 사람들의 기본적인 노력이 가치를 예측하고, 그에 따라 주가를 조정함으로써 돈을 번다는 것, 이건 확실하다는 것이다."(1901년 11월 28일)

시세조종의 영향력은 단기뿐

다우는 시세조종 세력이 아무리 주가를 흔들어대도 주가는 궁극적으로 내재가치를 따라갈 것이라고 단정지었다. 시세조종에 의해 일시적인 주가 등락은 만들어낼 수 있지만 이런 시세조종이 계속 이어질 수는 없다는 설명이다. 1901년 10월 18일자 칼럼을 읽어보자. "우리는 최근 칼럼에서 가치는 주가의 일시적인 등락과 거의 관계가 없지만 장기적으로는 주가를 결정짓는 요소라는 점을 보여주고자 애썼다. 주식의 가치는 궁극적으로 투자자의 수익률에 따라 결정되며, 투자자가 주가를 결정한다는 것만큼 확실한 것도 없다. 시세조종 세력은 한동안 막강한 위력을 발휘할 수 있다. 이들은 주가를 올리거나 내릴 수 있다. 투자자들을 오도해 팔고 싶을 때 사게 하고, 사고 싶을 때 팔게 할 수도 있다. 그러나 주식의 시세조종은 영원히 이어질 수 없다. 결국 투자자는 대략적으로나마 진실을 알게 된다. 주식을 계속 보유하겠다거나 팔겠다는 그의 결정은 주가를 투기와 독립적으로 만들고, 큰 의미에서 진정한 가치의 지표로 만든다."

1902년 2월 25일자 칼럼을 읽어보자. "놀라운 비교(An Impressive Exhibit)"라는 제목이 붙은 이 글에서 다우는 1896년부터 1901년까지 철도 기업들의 주가와 가치를 표로 만들어 비교해서 보여주면서, 주식시장의 흐름을 만들어가는 것이 무엇인지 알기 쉽게 설명해주고 있다.

투기에서 한 가지 확실한 것은 가치가 장기적으로 주가를 결정한다는 것이다. 시세조종 세력은 일시적으로 영향력이 있지만, 궁극적으로는 투자자가 주가를 만들어낸다. 모든 투기의 목적은 다가올 가치의 변화를 예측하는 것이다. 누구라도 어떤 주식의 가치가 주가보다 높으며 이것이 지속될 것 같다는 사실을 안다면 확신을 갖고 그 주식을 살 것이다. 투자자들이 그 주식의 가치를 인정하는 순간 주가는 오를 것이기 때문이다. 길게는 4~6년 이상 이어지는 강세장 기간 중에는 모든 경우에 다음과 같은 사실을 발견할 것이다. 주식의 가치가 커짐에 따라 주가도 함께 오르는데, 때로는 뒤처지기도 하고 때로는 앞서기도 하지만, 중심은 그 방향에서뿐만 아니라 대략적인 상승폭에서도 거의 같이 움직인다는 것이다. 만일 주가가 오르는데 가치가 따라주지 않는다면 주가는 떨어질 것이겠지만, 만일 가치가 따라준다면 주가는 다시 상승할 것이다. 앞서 주식의 가치가 작았을 때 주가도 같이 낮았을 때보다 오히려 지금 주가가 높아졌더라도 현재의 가치가 훨씬 더 커졌으므로 지금이 더 쌀지 모른다.

여기서 다우가 조심스럽기는 하지만 "지금이 더 쌀지 모른다"는 표현을 한 것은 현장 투자자를 염두에 둔 것이다. 이처럼 다우의 칼럼은 이론에 치우친 자기 주장이 아니라 철저한 현실 관찰과 냉정한 분석이라고 할 수 있다. 1902년 3월 11일자 칼럼에서는 이렇게 단언한다. "어떤 주식이 비싼지 싼지는 주가가 아니라 그 주식의 가치에 따라 판단해야 한다."

그렇다면 오로지 주식의 가치만 알면 다 해결되는 것일까? 물론 그렇지 않다. 어떤 주식의 내재가치가 얼마인지 아는 것도 무척 중요하지만 시장의 흐름을 읽어야 한다. 바로 이 흐름을 파악할 수 있도록 고안해낸 게 평균주가 아닌가? 다우는 1902년 1월 4일자 칼럼에서 이렇게 썼다. "누구든 투자자로서 가장 먼저 고려해야 할 것은 자신이 거래하고자 하는 주식의 가치다. 그 다음으로는 현재의 주가 흐름이 대세상승인지 대세하락인지 판단해야 하는데, 매일같이 신문에 실리는 평균주가만 제대로 읽으면 충분하다. 마지막으로 고려해야 할 것은 지금 하락 조정이나 반등 랠리가 진행되고 있는지 여부를 파악하는 것이다."

개인 투자자에게 주는 조언

이제 다우의 가치 투자론을 주가의 흐름과 연관지어 정리해볼 순서다. 다우는 1902년 7월 31일자 칼럼에서 이렇게 말했다. "월 스트리트를 전혀 모르는 개인 투자자들도 주식의 가치와 시장 상황을 면밀히 연구하고, 몇 사람 몫의 인내심으로 투자를 한다면 충분히 주식으로 돈을 벌 수 있을 것이다." 그렇다. 주식의 가치와 주가의 흐름만 정확히 파악하고 있다면 높은 수익률을 올리는 것도 그리 어려운 일이 아닐 것이다. 그러면 1900년 12월 20일자 칼럼을 읽어보자.

주식 투자자는 반드시 자신이 거래하는 종목의 거래량과 주가 흐름을 주시해야 하며, 그 주식과 관련된 특별한 사항들, 즉 순이익의 증감이나 고정비용의 증가, 유동부채의 변동을 살펴봐야 하고, 특히 매 분기별로 배당 가능한 실질 순이익이 얼마나 되는지 주목해서 봐야 한다. 또한 매일매일 알 수 있는 평균주가의 변동을 통해 전체 주식시장의 흐름을 읽어야 하는데, 그래야 어느 한 종목을 통해서는 알 수 없는 시장 전반의 분위기를 확실히 이해할 수 있다.

투자자가 이렇게 관찰하고 연구해야 하는 가장 큰 이유는 우선 자신이 거래하는 주식의 가치를 결정할 수 있기 때문이다. 즉, 그 가치가 커지고 있는지 혹은 줄어들고 있는지 스스로 판단을 내릴 수 있어야 하는 것이다. 두 번째 이유는 정확한 매수 타이밍을 포착하기 위한 것이다. 가령 최근 한 달 동안의 주가 상승폭이 5% 정도였는데, 이미 3% 넘게 상승한 시점에서 주식을 매수했다면 기껏해야 2% 정도의 이익밖에는 거두지 못할 것이다.

그래서 주가가 하락할 때 저점을 찾는 게 좀더 현명한 방법이라고 많은 투자자들이 생각한다. 유니언 퍼시픽 철도를 예로 들어보자. 이 종목은 가치에 비해 현저하게 낮은 주가로 거래되고 있고, 지금 주식시장은 4년 정도 지속되는 대세상승 흐름이 진행 중이다. 그런데 일시적인 조정기를 맞아 유니언 퍼시픽의 주가도 이전 고점 대비 4% 하락했다. 현재 순이익과 향후 전망은 매우 양호하고 주식시장 전반의 분위기도 대체로 괜찮다.

그러면 지금이야말로 유니언 퍼시픽 주식을 매수하기 시작할 때라고 여긴다. 하지만 신중한 투자자라면 좀더 기다릴 것이다. 이런 투자자는 매수할 물량의 절반만 산 다음 주가가 추가로 하락하면 그때 비로소 나머지 물량을 주문할 것이다. 그래도 주가는 당초 예상했던 것보다 더 떨어질 수 있다. 이익을 거두려면 상당한 시일을 기다려야 할지도 모른다. 어쩌면 낙폭이 훨씬 더 심한 다른 종목을 매수하기 위해 이 주식을 파는 게 더 현명하다는 생각이 들 수도 있다.

물론 이건 순전히 예외적인 상황이다. 대부분의 경우 이렇게 매수 타이밍을 잡게 되면, 즉 해당 종목의 가치를 충분히 헤아려 보고 전체 시장의 흐름도 주의 깊게 관찰한 다음 매수했다면 이런 투자자는 정확한 시점에 적정한 주가로 투자했으니 상당한 투자수익을 거둘 수 있을 것이다.

끝으로 다우가 독자의 질문에 답하는 형식을 빌어서 쓴 1901년 10월 17일자 칼럼 "하락 국면에서의 투기(Speculation for the Decline)"를 소개한다.

이런 질문을 자주 듣는다. 시장 전반이 약세에 빠져들 것이라는 시각을 갖고 있다면, 모든 종목이 동반 하락한다고 봐야 하는가, 아니면 다수 종목은 하락해도 일부 종목은 하락하지 않을 것이라고 봐야 하는가?

이 질문에 대한 대답을 위해서는 두 가지를 고려해야 한다. 하나는 투기적인 주가 흐름이고, 또 하나는 주식의 가치라는 요소다. 시장이 약세 국면으로 접어들면, 특히 하락세가 급격하거나 장기간 지속될 경우 모든 종목의 주가가 떨어진다. 하락의 정도는 똑같지 않겠지만 어느 종목이든 시장 전반의 약세 기조에 빠져들게 되는 것이다. 심지어 패닉이 벌어질 때는 내재가치가 월등한 종목이 내재가치가 형편없는 종목보다 더 큰 폭으로 떨어지는 경우도 종종 볼 수 있다.

그 이유를 살펴보자. 보통 투자자들이 보유하고 있는 주식 가운데는 우량종목과 그렇지 않은 종목이 섞여있게 마련인데, 갑자기 신용을 갚아야 한다든가 보유물량을 처분해야만 할 경우 이들은 자신이 생각하기에 시장이 최고로 쳐주는 주식, 즉 최우량 종목을 내놓게 된다. 이런 주식이 당초 매력적이었던 이유는 감히 공매도 대상이 될 수 없었기 때문이다. 그런데 막상 패닉이 벌어져 매도 물량이 쏟아지면 공매도 커버 수요조차 나오지 않는 것이다. 결국 우량주임에도 불구하고 어디선가 새로운 수요가 나오기 전까지는 추락하게 된다. 여기에 딱 들어맞는 사례가 바로 1901년 5월 9일 패닉 당시 델라웨어 앤 허드슨(Delaware & Hudson) 철도의 주가 움직임이다. 이날 델라웨어 앤 허드슨의 주가는 불과 30분만에 160달러에서 105달러로 폭락해 상장 주식 가운데 거의 최대의 하락폭을 기록했는데, 투자자 대부분이 현재 주가를 제대로 확인하지도 않고 무조건 매도주문을 쏟아내는 바람에 그렇게 된 것이다.

이처럼 시장 전반이 약세에 빠져들면 우량주가 갖고 있는 매력조차도 한동안은 아무런 힘을 발휘하지 못한다. 우량주든 아니든 무차별적으로 하락하는 것이다. 그러나 여기에는 결정적인 차이점이 있다. 하루나 일주일 뒤 패닉에서 벗어나 시장이 회복세로 접어들면 우량주는 그렇지 않은 주식보다 훨씬 더 빠른 상승세를 보인다. 이 경우에도 델라웨어 앤 허드슨이 적절한 사례가 될 것이다. 당시 주가가 105달러까지 떨어지자 여기저기서 매수주문이 들어오기 시작해 불과 한 시간만에 150달러 수준을 회복했던 것이다.

110년 전에 세상을 떠난 다우라는 인물이 멀리 대서양을 바라보며 찾아낸 주식시장의 진짜 비밀은 가치가 주가를 결정한다는 단순한 사실이었다. 막강한 자금력을 휘두르는 큰손 투기꾼이 제아무리 주가를 올리고 내리더라도 이런 시세조종이 영원히 이어질 수는 없다. 시간이 지나면 결국 진실이 드러나게 돼 있다. 이 진실이 바로 주식의 가치다. 장기적으로 주가를 결정하는 주체는 가치에 기초해 행동하는 투자자들이다. 주식시장에서 돈을 번다는 것은 가치를 예측하고자 노력하고 애쓴 데 대한 보상이다.

어느 작가는 말하기를, 바다가 놀라운 것은 거기에 놀라운 것이 하나도 없는 것이라고 했다. 그래서 더 놀랍고, 그렇기에 때로는 바다에 나가

한없이 이어지는 파도를 바라볼 필요가 있다. 덧없이 흘러가버리는 것 같지만 숨을 죽이고 오래도록 지켜보면 뭔가 떠오르는 게 틀림없이 있을 것이다. 다우가 말하기를, 투자는 상식이라고 했다.

8
주가와 경제

월리엄 피터 해밀턴은 《주식시장 바로미터》에서 주식시장은 모든 사람이 알고 있는 모든 정보와 그들의 바람, 믿음, 기대를 전부 반영한다고 했다. 시장은 이 모든 것을 전부 반영해 냉혹한 평결을 내리는 곳이라며 그는 이렇게 덧붙였다. "기상예보관의 바로미터에는 날씨에 영향을 미치는 모든 변수들이 포함돼 있는 것과 마찬가지로, 주가의 흐름은 월 스트리트가 알고 있는 모든 지식을 반영하고 있으며, 특히 다가올 사건들에 대한 정보도 전부 반영하고 있다."

주식시장은 경제의 바로미터

바로미터란 무엇인가? 마치 지금 하늘 위에 구름 한 점 없어도 곧 폭풍우가 몰려올 것을 알려주는 게 바로 바로미터다. 그런데 여기서 해밀턴이 기준으로 삼고 있는 것이 다우존스 평균주가다. 주가에 모든 것이 반영돼 있다는 사실도 중요하지만, 그렇게 모든 것이 반영돼 있는 주가를 읽어내는 게 더 중요하다. 그래야 주가와 경제의 관계를 파악할 수 있는 것이다.

찰스 다우는 1899년 5월 13일자 〈월스트리트저널〉에 실린 「리뷰와 전망」 칼럼에서 이렇게 썼다. "주식시장은 경제 여건의 상승과 하락을 비춰주는 바로미터라는 속성을 갖고 있다. 주식은 외부 기업들이 발행한다. 주식은 고정 금리 이자가 아니라 배당금을 지불하고, 경기가 좋을 때는 추가 이익을 주지만 경기가 나쁠 때는 손실을 피부로 절감하게 해준다. 기업 경기가 번창하는 한 추가 이익은 계속 이어질 것이고, 주가도 거기에 동반해 올라갈 것이다."

1899년 6월 12일자에서는 경기 호전에 따라 최근 철강과 면직물, 구두와 신발 제품의 가격이 오르는 것을 관찰했다. 뉴욕 바깥의 은행 어음 교환액도 조금씩 늘어나고 있고, 임금 인상 사례도 여러 곳에서 목격됐다. 철도 기업의 순이익도 증가했다. 이런 상황에서 주가 역시 올랐다는 것은 전혀 놀라운 일이 아니라고 다우는 썼다. 다우는 향후 몇 주 동안 주가가 강세를 이어갈 것으로 생각했다. "주식시장의 궁극적인 전개 과정이 경기 전반의 여건에 따라 움직인다는 것만큼 확실한 것도 없다. 지금 기업들은 자본과 노동을 추가로 투입해 이익을 올리고 있으며, 그 결과 기업에 투자하는 자금은 계속해서 늘어나고 있다."

이로부터 1년이 지난 1900년 4월 24일자와 그 다음날 칼럼에서는 흥미롭게도 그 반대 현상이 일어날 수 있음을 지적했다. "높은 물가로 인한 기업 경기의 균열은 제일 먼저 완제품 제조업자들에게 타격을 입힌다. 완제품 제조업자는 중간재를 덜 구매할 것이고, 그러면 원재료 구매가 줄어들 것이고, 결국 고용이 감소해 대중들의 소비재 구매력이 떨어질 것이다. 경제가 이런 순환 고리를 계속해서 이어가는 동안 시장은 상승과 하락 과정을 한 단계씩 밟아가는 것이다." "수요 감소가 한 업종에 국한됐을 경우 그 파급은 훨씬 적을 것이다. 그러나 큰 폭의 가격 하락으로 이어지게 되면 수요는 더욱 위축돼 가격이 폭락한 제품은 아예 생산이 중단된다. 소비자들은 가능한 한 가격이 더 떨어지길 기다리며 구매를 뒤로 미룬다."

다우는 1900년 5월 3일 경기 순환이 어떻게 이어지는지 간단히 요약했다. "바퀴는 계속 돌아가고 절대 멈추지 않지만 가장 높은 정점에 닿게 되면 떨어지기 시작한다." 이 같은 경기 순환의 불가피성과 그 이유에 대해 다우는 1900년 5월 5일자 칼럼에서 아주 흥미롭게 이야기하고 있다.

경기 사이클이 진행되는 이유는 모든 경제 참여자들이 자신들이 할 수 있을 때 돈을 벌고자 하고, 저축할 수밖에 없을 때는 저축을 하기 때문이다. 가령 불황기에 동네 가게 주인은 당장 손님들이 찾는 물건 외에는 구매하지 않을 것이다. 그런데 어느날 자기 동네에서 소비 수요가 증가했다는 것을 발견한다. 농산물 판매가 늘어났기 때문일지도 모르겠지만 어쨌든 이 가게 주인은 가까운 도매상에게 주문량을 늘린다. 그런데 도매상에서 구매하는 가격이 예전처럼 좋지가 못하다. 다른 소매상들도 구매량을 늘렸기 때문이다. 이런 일이 서너 번 되풀이될 때마다 가게 주인은 가격이 쌌을 때 더 많은 물건을 사놓지 못한 것을 후회하게 된다. 이런 감정 때문에 그는 이제 현재의 수요뿐만 아니라 미래의 주문까지 감안해 구매한다. 이런 행동은 결국 그가 주문하는 물건의 가격을 올리는 작용을 한다. 이런 일이 전국적으로 벌어진다. 경험에 비춰볼 때 그 물건의 가치에 대한 일반적인 합의가 형성되고, 미래 수요에 대비한 구매가 자리잡는 데까지는 3~4년이 걸린다.

그런데 대형 도매상 하나가 자신이 너무 많은 물건을 사들였으며, 좀더 기다렸다면 더 싸게 물건을 구매할 수 있었다는 걸 발견하는 때가 온다. 가격을 유지하려고 애쓰다 결국 가격을 내리게 되는데, 지역 유통업자들 역시 자신들이 너무 많이 구매했다는 걸 알게 된다. 그들도 최대한 가격을 유지하다 결국 내리고, 소매상에게는 운이 좋은 것이라고 믿게 한다. 이제 위축되기 시작하는 것이다. 소매상은 더 적게 구매하고, 도매상도 더 적게 구매한다. 그렇게 제품 수요가 떨어져 임금이 줄어들고 공장이 문을 닫고, 그 결과 소비자들의 구매력이 타격을 입고, 결국 소비 감소와 가격 하락으로 이어지는 악순환이 벌어지는 것이다. 이런 악순환은 생산이 실제 수요에 근접할 정도로 조정될 때까지 이어진다.

그래도 경제는 멈추지 않고 돌아간다. 다만 조금 나아졌다가 조금 나빠졌다가 할 뿐이다. 산업 전반과 투기 시장의 바퀴가 완전히 다 도는 데는 약 10년이 걸리는 것 같다. 올라가는 과정이 하강할 때보다 좀더 빠르고 활기차며 분위기도 좋다.

하강하는 과정은 느린데, 공매도를 할 수 있는 사람을 제외하고는 모두가 최대한 강하게 내려오기 때문이다. 더 나은 지식과 많은 재산, 현명한 방법이 있다면 상승과 하강의 정도를 줄여줄 수 없는 것도 아니겠지만, 인간의 본성이 결정적으로 변하기 전까지는 경기의 확장과 수축이라는 법칙을 벗어나거나 이것이 주가에 미치는 영향을 멈추게 할 수는 없다.

"경기 붐과 침체는 눈덩이 같다"

다우는 경기 사이클의 진행과정을 설명하면서도 적절한 비유와 간결한 표현을 잃지 않았는데, 1901년 8월 31일자 칼럼에서 어떻게 묘사했는지 읽어보자. "경기 붐과 경기 침체는 유사점이 있다. 이들의 특징은 비탈을 따라 내려가면서 계속해서 커져가는 눈덩이와 비슷하다. 이런 움직임은 처음에는 느리다가 갈수록 빨라지고 끝나기 직전이 가장 빠르다. 동력의 특징을 고려해보면 왜 그런지 명백해진다. 경기 붐은 사람들 사이에 형성되는 점진적이지만 갈수록 빨라지는 신뢰의 성장에 의해 만들어지기 때문이다." 1900년 5월 10일자에서는 경기 여건의 변화에 필요한 요소로 시간이 절대적이라는 점에 대해 이야기했다. "나라 전체의 제조업 및 상거래 분야의 이해가 한 달 만에 번영기에서 침체기로 바뀔 수는 없다."

다우는 경기 사이클의 주기성에 대해서도 명백히 밝혔는데, 1900년 8월 2일자 칼럼을 보자. "대규모 경기 침체는 약 20년마다 한 번씩 오고, 좀더 작은 침체는 10년에 한 번 정도 오는 게 경기 사이클의 법칙인 것 같다. 최근의 심각한 패닉과 경제 위기는 1837년, 1857년, 1873년, 1893년에 있었다. 그런데 각각의 기간 사이에는 10년마다 눈에 띄는 침체기가 있었는데, 1846년과 1867년, 1884년이었다. 이런 법칙이 지켜진다고 할 경우 이번에 닥칠 경기 침체는 10년마다 오는 작은 것일 것이며, 경제 전반의 패닉은 아닐 것이다." 1900년 12월 29일자 칼럼은 그런 점에서 무척 흥미로운데, 경기 순환 과정에서 나타난 각각의 강세장들, 즉 1867~1872년과 1877~1881년의 강세장, 그리고 1896년에 시작돼 그때까지 이어지고 있던 강세장에 대해 충분한 이유를 밝혀두었다.

1867~1872년의 투기 붐은 남북전쟁이 끝나자 전국적으로 개발 현장으로 돌아간 200만 명의 장정들이 쏟아낸 에너지 덕분이었다. 전쟁은 고향의 일꾼들을 멀리 내쫓아 시야를 넓혀주었고, 일단 평화가 찾아오자 서부 지역의 거대한 산업 팽창을 가져오게 된 것이다.

1877~1881년은 철도 건설이 뜨거웠던 시기로, 인수합병을 통해 소규모 철도가 거대 철도로 집중하기도 했다. 경제적인 관점에서 보자면 노선 확장을 위해서가 아니라 순전히 돈을 벌기 위해 철도를 건설했던 시기다. 이 시기의 최고 비즈니스는 철도 기업 주식을 만들어 파는 것이었다.

1896년에 시작된 강세장은 두 가지 이유의 결과였다. 가장 중요한 첫째 이유는 산업체(제조 기업들)의 확장과 집중이었다. 두 번째는 철도 기업들의 제휴였다. (이 둘간에는 결정적인 차이가 있는데) 제조 기업들은 자기 분야의 모든 사업체들을 한데 모아 한 기업의 주식으로 발행했고, 이들의 주식 발행액은 기업의 순자산 가치보다 훨씬 많았다. 반면 철도 기업들은 철도 노선은 늘어났지만 철도 재산이라는 면에서는 위축됐다. 시스템은 확장 됐지만 재산은 줄어든 것이다.

이제 중요한 문제가 남았다. 경기 순환이 주가에 미치는 영향이다. 다우는 경기 사이클에 따라 변화하는 전반적인 경기 여건이 주식시장의 움직임에 열쇠가 된다고 생각했다. 1900년 5월 23일자 칼럼은 다우존스 평균주가와 상품가격 지수를 사용해 주가의 움직임은 결과지 원인이 아니라고 밝혔다. 주식시장이 경제 여건의 변화를 미리 반영하는 선반영 기능으로 인해 때로는 이 관계가 왜곡될 수도 있지만 다우는 이 점을 분명히 했다. 해밀턴이 《주식시장 바로미터》에서 강조했던, 무조건 주가가 경제에 선행하는 바로미터라는 주장과는 조금 다른 것이다.

다우는 "전반적인 경기 상황은 전체 주식시장의 핵심인데, 이건 투자자가 장기적으로 각 종목의 가치를 결정하는 사람인 것과 마찬가지"라며, 먼저 영국에서 발행되는 이코노미스트가 발표하는 22가지 상품가격 지수와 11개 종목으로 구성된 다우존스 평균주가를 1885년부터 1890년까지 비교했다. 이코노미스트의 지수는 사실 가장 오래된 인덱스로 1869년부터 발표된 것인데, 1885~1890년에는 미국 주가와 영국 상품가격이 동반 상승했다. 1890~1896년에는 주가와 상품가격이 함께 떨어졌다. 다만 1895년 7월부터 1896년 1월까지는 상품가격이 올랐는데, 다우에 따르면 이는 남아프리카에서의 금 생산 증가와 남아프리카 광산주 투기로 인한 것이었다. 주가는 1896년부터 1899년 4월까지 상승했다. 1896년의 뒤늦은 주가 상승으로 상품가격은 1897년 7월까지 바닥을 치지 않았다. 그러므로 비록 상품가격의 하락은 1896년에 일단 미뤄졌지만 추세는 역전시키지 못했다는 점은 주목할 만하다. 1897년부터 1899년 4월까지 상품가격과 평균주가는 모두 상승했다. 1896년부터 마지막 시점까지는 20개 종목으로 구성된 다우존스 평균주가를 사용한다. 1899년 4월부터 1900년 4월까지 미국 주가는 떨어진 반면 영국 상품가격은 상승했다. 다우는 그러자 1899년 11월부터 1900년 5월까지 미국에서 발행된 던스 리뷰의 상품가격 지수를 사용했는데, 이것을 보면 미국 상품가격도 떨어졌다. 주가 역시 1899년 11월부터 하락했다. 영국 상품가격이 미국 주가에 비해 상승 전환이 늦었으므로, 다우는 예측하기를 하락 전환도 늦어지겠지만 어쨌든 미국 상품가격과 미국 주가는 둘 다 떨어질 것이라고 내다봤다. 다우의 예측은 정확한 것으로 판명됐다. 영국도 1900년 여름이 되자 경기 후퇴로 접어들었다.

"주가는 결과지 원인이 아니다"

주가와 경기 순환의 관계를 가장 알기 쉽게 설명한 문장은 1902년 1월 11일자 칼럼에 나온다. "강세장은 풍선이 부풀어오르듯 계속 팽창하지 않는다. 오히려 조류가 밀려드는 것과 비슷하다. 주가는 결과지 원인이 아니다. 강세장은 가치가 낮은 수준일 때 출발해 경기가 개선되기 시작하고 이익이 늘어나기 시작하면 이에 따라 주가도 점차 올라가는 것이다." 이처럼 다우는 경기 순환 과정을 자연스럽게 받아들이면서 이런 흐름에 따라 주가도 움직이는 것이라고 지적했다.

다우는 경기 순환 과정에서 인간의 본성이 어떤 역할을 하는지도 놓치지 않고 관찰했는데, 1900년 6월 8일자 칼럼을 보면 재미있는 내용이 나온다. "사람이란, 장부상의 평가이익이 사라지는 것을 바라보고는, 더 이상 이익을 남기고 팔 수 없는 제품이 자기 가게의 선반 위에 쌓여 있는 것을 발견하면, 도저히 수지타산을 맞출 수 없는 계약서에 분통을 터뜨리고, 재고가 넘쳐나지만 도저히 생산을 줄일 방법이 없을 때, 그럴 때가 되면 아무도 주식을 사겠다고 나서지 않는 법이다." 1901년 2월 21일자에서도 인간의 행동이 경기 사이클에 영향을 미친다는 점을 밝혔다. "그러나 이 모든 것들을 감안한 다음에도 경기 사이클을 만들어내는 인간 본성의 특징은 변하지 않았다. 번영의 시기는 항상 거래를 늘리도록 했다. 사람들이 돈을 버는 한 그들의 경향은 투자를 늘리는 것이다. 이건 대형 은행이나 동네 상점 주인이나 누구나 똑같다. 반대로 투자 모험이 더 이상 수익이 나지 않으면 투자 축소가 뒤따르면서 돈이 시장을 빠져나가고 이것이 다시 투자 위축을 불러오게 되는 것이다." 1901년 7월 31일자에서도 인간이라는 요소를 이야기한다. "번영의 시기에 과도하게 하려는 경향은 인간 본성에 따른 것이고, 이것은 인간으로 하여금 그가 지금까지 얼마나 많이 벌었는가에 관계없이 늘 돈을 더 벌고 싶게 만드는 것이다. 따라서 이런 과도함은 소액 투자자뿐만 아니라 대형 투자자에게서도 나타날 수 있다."

경험의 램프

1901년 8월 2일자 칼럼은 "경험의 램프(The Lamp of Experience)"라는 제목이 붙어 있는데, 경기 침체기가 불가피한 것인지를 묻는 독자의 질문에 답하고 있다. 다우는 패트릭 헨리의 말을 인용한다. "내 발 아래에는 오직 하나의 램프만 있을 뿐이오. 과거를 통하지 않고 달리 미래를 판단할 방법을 나는 알지 못하오." 다우는 이론적 근거에 따라 한 나라의 부가 커질수록 전반적인 경기 여건은 보다 안정적이 될 것이라는 점을 인정했지만, 그럼에도 불구하고 경험에 의하면 "금융과 운송업의 밀레니엄은 아직 도달하지 않았다"고 지적했다. 다우는 독자들에게 충고하기를 영국의 은행 시스템에서의 진보는 국가적으로 경기 사이클을 제거하지 못했으며, 이것은 영국이 경제 전체적으로 엄청난 발전을 했음에도 불구하고 사실이라고 했다. 그는 이렇게 결론지었다.

만일 모든 기업들이 부유하고 보수적이라면 주가는 안정적일 것이며 경기 침체기는 사라질 것이다. 만일 모든 개인이 부유하고 보수적이라면 패닉과 어려운 시기는 사라질지도 모른다. 그러나 기업과 개인이 자원 면에서 크게 차이가 나는 한, 비록 돈을 벌고자 하는 욕망은 똑같겠지만 불안정을 야기하는 기본 요소들이 계속 남아있을 것이며, 이는 경기 침체의 사이클을 야기하기에 충분할 것이다.

주가의 하락은 순이익의 감소에서 비롯된다. 순이익의 감소는 수요를 초과하는 공급이 원인이 된다. 공급 초과는 과도한 욕심의 결과며, 과도한 거래는 일반적으로 너무 조급하게 부자가 되려고 한 결과다. 이런 고리의 관계가 깨지지 않는 한 경험의 램프가 계속해서 깜박일 것이다.

지금까지 살펴봤듯이 다우는 경기 순환 과정의 불가피성을 이해했고, 이것이 주가에 영향을 미친다는 점도 분명히 했다. 주가가 경제 여건의 변화를 미리 반영한다는 점도 인정했다. 그러나 주가가 모든 것을 말해준다든가, 미래의 경제적 사건을 예측한다는 점은 받아들이지 않았다. 다우는 특히 시장의 큰 흐름이 얼마나 지속될 것이며, 그 정점이나 바닥이 어디까지 갈 것인지는 누구도 알 수 없다고 이야기했다.

"우리는 시장의 정점이 어디까지 갈지 알지 못한다."(1901년 4월 9일)

"큰 추세의 상승과 하락이 얼마나 클지는 아무도 말할 수 없다."(1902년 1월 4일)

"이미 지나간 고점을 돌아보지 않고서는 시장이 정점에 도달했는지 아무도 알 수 없다."(1902년 2월 11일)

주식 투자의 타이밍을 족집게처럼 집어낼 수 있다고 자랑하는 사람이 있다면 벌써 110여 년 전에 다우가 이야기한 내용을 읽어보는 게 좋을 것이다. "투기의 불확실성을 잘 알고 있는 사람이라면 누구도 하락이 얼마나 더 멀리 갈지, 혹은 언제가 투자할 주식을 사야 할 최적의 타이밍인지 감히 말하지 않을 것이다."(1900년 9월 22일) 그래도 선뜻 이해가 되지 않는다면 "강세 작전(The Bull Campaign)"이라는 제목이 붙은 1902년 5월 14일자 칼럼을 읽어보기를.

> 주식시장을 논하면서 상승세의 정점이나 하락세의 바닥에 언제 도달할지는, 실제로 그런 정점이나 바닥이 만들어진 뒤 어느 정도 시간이 지난 다음이 아니라면 아무도 말할 수 없다. 때로 사람들은 주가가 언제 정점에 도달하고 바닥을 치는지 추측할 수는 있지만 그런 추측은 본질적으로 아무 가치도 없다. 월 스트리트에는 이런 격언이 있다. 어리석은 투기자만이 바닥에서 사기를 바라고 천정에서 팔기를 원한다고 말이다. 노련한 투기자라면 누구도 이것을 확실하게 말할 수 없다는 점을 잘 알고 있다.

주식 투자를 하면서 불확실성을 제거할 수는 없으나 길들일 수는 있다. 다우는 시장의 강세나 약세를 단언하지도 않았고, 정점에 도달했는지 바닥을 쳤는지 예측하지도 않았지만 가끔 시장의 향후 방향성을 조심스럽게 전망하기는 했다. 다소 주관적이기는 했지만 온건하면서도 냉철한 논조로 중립적인 판단을 내렸다. 그는 주식시장에서 가장 중요한 성공의 열쇠로 대세상승 때 사서 대세하락 때 파는 것을 들었다. 그러려면 시장의 흐름을 파악해야 한다. 그것도 가치 투자의 시각으로 시장을 바라봐야 제대로 시장을 읽을 수 있다는 게 다우의 조언이다.

9
시세조종과 작전

찰스 다우의 이력을 살펴보면 좀 특이한 점이 눈에 띈다. 뉴욕증권거래소(NYSE)의 정식 회원으로 있었던 것이다. 뉴욕증권거래소 회원이 하는 일은 무엇보다 유가증권을 중개하는 것이다. 대표적인 것이 거래소 플로어에서 주식을 사고파는 일인데, 물론 고객들이 위탁한 주식을 대신 매수하거나 매도하는 것이다. 이들은 여러 고객들로부터 받은 주문을 처리해주고 중개 수수료를 받는다. 뉴욕증권거래소에 상장된 주식의 중개는 이들의 독점적인 고유 업무다. 당연히 주식 거래가 어떻게 이뤄지는지 누구보다 잘 알고 있을 수밖에 없다. 또한 다른 중개인들과 경쟁하려면 정보도 빨라야 할 뿐만 아니라 고객 확보에서도 앞서야 한다. 그러다 보면 아무래도 월 스트리트의 큰손이나 시세조종 세력과 가깝게 지내거나 심할 경우에는 이들과 결탁하기도 한다. 적어도 20세기 초까지는 이런 풍경이 일반적이었다.

그런데 다우가 이런 일을 했다고 하니 고개가 갸웃해지는 것이다. 어쨌든 다우는 1885년 12월 24일자로 뉴욕증권거래소의 회원이 되어 1891년 4월 30일까지 그 자리를 유지했다. 다시 말해 이 기간 동안 월 스트리트의 정식 증권 중개인으로 있었던 것이다. 그가 뉴욕증권거래소의 회원이 된 시기는 굿바디, 글린 앤 다우(Goodbody, Glynn & Dow)라는 증권회사의 파트너로 이름을 올려놓은 기간과 일치하는데, 1891년 4월 30일자로 이 회사가 해산하고 새로운 회사로 로버트 L. 굿바디 앤 컴퍼니(Robert L. Goodbody & Company)가 출범하자 다우는 파트너를 그만두었고, 당연히 뉴욕증권거래소 회원에서도 빠졌다.

주식 중개인 찰스 다우

일간지와 뉴스 속보를 발행하는 언론사의 발행인이자 중견 저널리스트인 찰스 다우가 직업적인 증권 중개인만 들어갈 수 있는 뉴욕증권거래소의 회원이 된 것이나 증권회사의 파트너를 맡게 된 과정은 그의 성격과 관련해 한번쯤 짚고 넘어갈 필요가 있다. 앞서 그는 독일의 투자은행인 도이체 방크의 미국 내 법인 격인 윈슬로우, 레이니어 앤 컴퍼니로부터 파트너 제의를 받았지만 거절한 바 있었다. 그런데 똑같은 증권회사인 굿바디, 글린 앤 다우에는 "친구와의 우정을 고려해" 파트너로 들어간 것이다. 더구나 1889년 7월에는 〈월스트리트저널〉까지 창간됐으니, 충분히 이해의 충돌이 예상되는 상황이었다. 하지만 다우는 그 이후에도 2년 가까이 자리를 계속 유지했다. 왜 그랬을까? 다우 사후인 1907년에 〈월스트리트저널〉 편집국장이 된 윌리엄 피터 해밀턴은 그의 저서 《주식시장 바로미터》에서 이렇게 설명하고 있다.

다우는 몇 년 동안 뉴욕증권거래소의 플로어에서 주식을 매매해보기도 했다. 이런 실전 경험은 그를 더욱 특별하게 만들어주었지만 사실 약간 엉뚱하게 시작된 것이었다. 지금은 고인이 된 로버트 굿바디란 인물이 있었다. 그는 더블린에서 미국으로 이주한 아일랜드계 퀘이커 교도로 월 스트리트에서 꽤 존경 받는 인사였다. 그런데 당시 뉴욕증권거래소에서는 미국 시민권자에 한해 회원자격을 인정했고, 하는 수 없이 그는 찰스 다우를 그의 파트너로 삼았다. 로버트 굿바디가 시민권을 얻을 때까지는 다우가 증권거래소의 회원 역할을 맡아 플로어에서 매매 주문을 처리했던 것이다. 물론 굿바디가 미국 시민권을 얻자 다우는 증권거래소 일을 그만 두고, 그의 성격에 더 잘 맞는 신문사 일로 돌아갔다.

다우는 결국 이해의 충돌보다 친구를 돕는 게 더 중요하다고 생각했던 것이다. 1902년 12월 5일자 〈월스트리트저널〉에 찰스 다우의 부음기사와 함께 실린 로버트 굿바디의 편지에는 이런 대목이 나온다. "나는 1885년에 뉴욕에 처음 도착했는데, 우리 둘은 곧바로 사업상 아주 돈독한 관계를 맺게 됐다." 사업상의 관계뿐만 아니라 굿바디와 다우는 나중에 사돈지간이 됐다. 사연은 이렇다. 앞서 소개한 것처럼 다우는 나이 서른이 되던 해인 1881년 4월 9일 코네티컷 주 노스 브랜포드 출신으로 자신보다 다섯 살 많은 루시 M. 러셀과 결혼했는데, 루시에게는 전 남편과의 사이에 난 딸이 하나 있었다. 바로 이 딸을 로버트 굿바디의 동생과 혼인시켰으니, 다우는 굿바디의 동생을 사위로 삼은 것이다.

사실 다우는 이때 증권회사의 파트너로 있었던 경력 때문에 "월 스트리트에서 뉴스 속보를 발행하는 동시에 자신이 직접 투기도 했다"는 식으로 괜한 오해를 사기도 했다. 하지만 그가 자기 돈으로 주식을 사고 판 경우는 극히 드물었고, 해밀턴이 회고한 내용에 따르면 "시험 삼아 주식에 투자한다 해도 기껏해야 10주 정도가 고작"이었다. 오히려 뉴욕증권거래소의 정식 회원으로서 주식이 거래되는 현장을 눈앞에서 지켜보고 체험해봄으로써 월 스트리트가 어떻게 돌아가는지를 누구보다 생동감 있게 전할 수 있었다.

더구나 이런 직접 경험이 있었기 때문에 시세조종에 대해 실제적인 접근을 할 수 있었다. 당시 미국 금융가에서 시세조종 행위는 완전히 합법적인 행위는 아니지만 몇 가지 규정만 피해가면 사실상 아무런 제재도 받지 않는 편법 거래였다. 나중에 알려지고 나면 일반 대중들에게 지탄을 받았지만 그 무렵 월 스트리트에서 최고의 투기꾼으로 불렸던 제임스 킨이나 제이 굴드 같은 인물들은 버젓이 시세조종 행위를 주도했다. 어두운 구석에서 이뤄지는 정당하지 못한 탈법 거래였지만 어쨌든 현실적으로 존재했던 것이다. 다우는 시세조종이 어떻게 행해지는지 세

심하게 관찰했고, 그 실상과 영향에 대해 기술했다. 다우가 뉴욕증권거래소의 플로어에서 주식 중개인으로 일했다는 사실은 오히려 이런 유리한 위치에서 시세조종 행위에 대해 속속들이 포착했으리라는 점을 알려주는 것이다.

현장 경험 없이는 쓸 수 없는 기사

다우가 1902년 7월 1일자에 쓴 「리뷰와 전망」 칼럼을 읽어보자. 이 글에서 다우는 시세조종의 여러 측면을 밝히며 주식시장을 누가 어떻게 움직이고 있는지 구체적으로 파헤치고 있는데, 마치 시세조종 세력의 주도자나 프로 트레이더들과 실제로 대화를 나누고 있는 것처럼 아주 실감나게 전해주고 있다. 현장 경험이 없이는 도저히 쓸 수 없는 이 칼럼에서 우리는 그의 취재 범위가 얼마나 넓으며 깊이 있는지, 또 그의 관찰이 얼마나 세심하고 예리한지 엿볼 수 있다.

> 주식 트레이딩은 보통 프로들의 거래와 대중들의 거래로 나눌 수 있다. 둘 사이에는 아주 큰 차이가 있다. 프로 트레이딩은 시세조종과 작전을 포함하는데, 이들에게 주식 거래는 매일매일의 그들 사업의 상당히 큰 부분이다. 대중들의 트레이딩은 투자 사업인 경우도 있고, 부분적으로는 투기면서 부분적으로는 투자인 거래 형태를 띠고 있다.
> 시장의 두 극단은 상당한 양의 주식을 사거나 팔고자 하는 시세조종 세

력과 궁극적으로 사려 깊게 투자하고자 하는 대중들로 구성돼 있다. 시세조종 세력은 대중들에게 그들이 팔고자 하는 주식을 사는 것처럼 비쳐지고, 혹은 사고자 하는 주식을 파는 것처럼 보여진다. 모든 시세조종의 큰 부분은 대중들을 겨냥한다. 프로 트레이더들은 단지 시세조종 세력들이 만들려고 하는 움직임에서 이익을 취하려 애쓰는 중간자에 불과하다. 어떤 신디케이트가 1000만 달러 상당의 주식을 이익으로 얻었다고 생각해보자. 이 이익을 현금화하는 방법은 주식을 파는 것이다. 따라서 신디케이트는 노련한 시세조종 세력과 계약을 맺고, 시세조종 세력은 대중들이 이 주식을 사게끔 유인한다. 그는 우선 가능한 한 이 주식을 사는 게 최대한 매력적이고 현명하게 보이도록 한다.

주식의 내재가치가 얼마인지, 기업이 건전한지 부실한지는 시세조종을 수행하는 사람들에게는 중요한 차이지만, 대중들이 매수하도록 끌어들이는 수단에 있어서는 거의 차이가 없다. 어떤 경우든 제일 중요한 것은 그 물건을 알리고 사람들 입에 오르내리도록 하는 것이다. 이런 결과를 얻기 위한 방법은 중개인과 투기자, 기자들로 하여금 주가 변동을 야기하는 것이 무엇인지 알아내게 만드는 것이다.

그런 경우 시세조종 세력들은 대개 친구들에게 문제의 주식이 거래가 늘면서 주가가 오를 것이라고 말한다. 그렇게 함으로써 프로 트레이더들로 하여금 주식을 매수하게 한다. 이는 앞으로 예정된 막대한 규모의 거래는, 비교적 안전하게 거래가 이뤄질 상당한 기간 동안 시장을 떠받치지 않으면 이뤄질 수 없기 때문이다. 더군다나 시세조종 세력은 어떤 주식을 사람들 입에 오르내리게 하는 최고의 방법 중 하나는 사람들로 하여금 자기가 그 주식을 사서 돈을 벌었다고 친구들에게 말하도록 하는 것이라는 점을 잘 알고 있다. 그래서 이런 작전의 초기 단계에서는 최소한의 리스크로 벌 수 있는 돈이 거의 항상 따라다닌다.

시세조종 세력은 그 주식의 거래를 활발하게 만들어야 하고, 트레이더들로 하여금 이상하다고 느껴지면 얼마든지 팔 수 있다는 확신을 심어줄 수 있도록 매일 1만~2만 주 정도를 사고 팔아야 한다. 대중들의 특징은 주가가 떨어지는 주식보다 올라가는 주식을 매수한다는 것이다. 그러므로 팔아야 할 주식은 시장 전반이 하락하는 한 강세를 유지하면서 어느 정도 상승해야 한다.

시세조종이 클수록 프로 트레이딩 규모도 커질 것이고, 그 주식에 관심을 갖는 대중들도 많아질 것이다. 그런 경우 대개 매수하는 대중은 처음에는 작게 시작하다가 점점 더 확신을 갖게 되고, 마침내 완전히 확신하게 되면, 그 주식은 급격히 대중들의 매수로 넘어가게 된다. 그러면 활기를 띠었던 거래 열기는 사그라들고, 프로들의 트레이딩도 줄어든다. 대중들은 자기들이 사들인 주식에 만족할 수도 있고 불만을 느낄 수도 있다. 이것은 시장에서 정도의 차이만 있을 뿐 늘 일어나는 일이다. 대중들로 하여금 사거나 팔도록 하는 큰손 세력이 항상 있고, 시세조종은 그것을 목표로 진행된다. 큰손 세력들은 만일 대중들이 가치가 분명한 주식들을 자유롭게 거래할 수 있도록 유인할 수 있다면 일반적으로 다른 종목들로도 끌어올 수 있다는 것을 잘 알고 있다. 그러므로 서너 개의 주도주를 상승시킴으로써 대중들을 시장으로 끌어오려는 시도가 종종 시도된다. 만일 대중들이 들어오면 시장은 넓어진다. 대중들이 들어오지 않으면 시세조종 세력은 며칠 뒤 시장을 만들려던 그들의 노력을 중단하고 더 적절한 시점이 오기를 기다린다.

대중들에게 필요한 원칙은 반드시 프로 트레이더들이 따르는 원칙이라야 한다. 어떤 주식의 거래가 활기를 띠면 먼저 그 주식의 가치가 얼마인지 따져보라. 만일 내재가치에 비해 싸다면 통상적으로 거래가 활기를 유지하는 한 거래할 수 있다. 그러나 일반적으로 활기가 떨어지면 파는 게 현명하다. 만일 그 주식이 내재가치 이상으로 거래되는 게 명백하다면 진입할 때 상당한 주의를 기울여야 하고, 심각한 하락에 대한 대비책으로 스톱 오더를 반드시 해놓아야 한다.(여기서 스톱 오더란 주가가 일정 가격 아래로 떨어지면 매도하도록 미리 주문을 내놓는 것을 말한다.)

일반적으로 새로운 주식에 대한 시세조종은 팔기 위한 목적이다. 반면 기존 주식의 경우 강세 시세조종은 대개 내부자들이 꼬불쳐두고 있는 호재성 뉴스에 앞서 미리 움직이는 것이다. 약세 시세조종은 두 종류가 있는데, 80%정도는 악재성 뉴스에 앞서 미리 움직이는 것이고, 20%는 곧 있을 상승과 관련해 물량을 축적하려는 목적이다.

그러나 전체적으로 약세 시세조종은 시세조종을 하는 주식이 내재가치에 비해 비싸다는 인식에 기초한다. 일반적으로 말해서 공격받고 있는 주식은 공세가 완전히 끝난 다음 하락을 이끌어왔던 공매도 세력 쪽에서 반등의 신호를 줄 때까지는 매수하지 않는 게 좋다.

이 칼럼을 읽어보면 알 수 있듯이 다우는 시세조종 세력과 큰손, 프로트레이더들이 어떤 식으로 움직이는지 훤히 다 꿰고 있었다. 다우가 이런 기사를 쓴 목적은 개인 투자자들에게 도움을 주기 위해서였다. 그는 일반 독자들에게 합리적이고 과학적으로 주식 투자하는 방법을 알려주고 싶어했다. 사실 시세조종 세력들과 싸워 일반 투자 대중이 이길 확률은 거의 없었다. 그래서 다우가 글을 쓸 무렵 주식시장은 몇몇 큰손들이 마음대로 주무르는 투기판이나 마찬가지로 여겨졌다. 월 스트리트의 투자은행과 증권회사들도 이들 세력과 한 통속이 돼 주가를 올리거나 내리는 데 한몫을 했다. 다우는 이런 잘못된 모습을 대중들에게 알려줌으로써 이를 바로잡으려 했던 것이다. 1899년 6월 29일자 칼럼을 읽어보면 그의 이런 생각이 잘 나타나 있다.

매일매일 나오는 반응은 중요하지 않다. 그것들은 많은 경우 시세조종 세력이 시장이 있는지 알아보기 위한 목적으로 행하는 거래를 반영하는 것이다. 큰손들에게는 그들이 거래하는 종목이 1포인트 혹은 2포인트 오르고 내렸는지는 비교적 사소한 문제다. 중요한 것은 그가 팔 수 있을 만큼 대중이 따라오는지 여부다.

상승세의 발전은 한 가지 코스를 밟는 게 아주 일반적이다. 작전 세력은 나중에 높은 가격으로 팔고자 하는 종목을 낮은 가격에 산다. 그들은 서로 다른 창구를 통해 매매하면서 주가를 높이기 시작한다. 또 새로운 먹잇감이 얼마나 많이 들어왔는지 알아보기 위해 자기네 중개인들이 보내오는 소식을 주시한다. 그들은 때로 처음에 상당한 양의 주식을 사기도 하지만 대개는 매수자가 바뀌기 시작할 때까지 참고 기다리다, 결국 그들이 산 것보다 더 많은 물량을 팔 수 있는 시점을 발견한다. 성공적인 강세 작전에서 이런 과정은 그들이 팔고자 하는 주식이 전부 다 팔릴 때까지 계속된다.

그러나 종종 며칠간 마구 사들였던 대중이 매수를 중단하면 시세조종 세력은 그들의 물량 확보 혹은 매수가 새로운 먹잇감을 끌어들이지 못했음을 발견할 것이다. 이렇게 되면 십중팔구는 다시 대중들이 거래하는 수준으로 주가가 떨어진다. 상승세가 진행되다가 중간에 멈추는 일이 잦은 것은 이것으로 설명할 수 있다.

다우는 시세조종 행위가 벌어지고 있는 현장을 손바닥 들여다보듯이 아주 정확하게 포착했는데, 「리뷰와 전망」 칼럼 여러 곳에서 이를 생생하게 전해주고 있다. "시장은 지금 일부 재력가들의 통제 아래 확실히 들어있으며, 이들이 완벽하게 통제함으로써 지금까지 패닉 없이 매물 출회가 이뤄지고 있다."(1899년 9월 21일) "강력한 강세 흐름에서는 대개 새로운 작전 세력이 그들의 주식 가격을 높이기 위한 특별한 목적 아래 구성된다. 이들은 전혀 그들과 상관없는 주식에까지 정서적으로 결정적인 영향을 미친다."(1899년 10월 26일)

시세조종 수법

그런가 하면 1899년 10월 31일자에서는 시세조종을 주도하는 작전 세력의 규모가 어느 정도인지 밝히고 있다. "지난 2~3주 동안 특정 종목의 시세조종을 위해 조직된 작전 세력은 상당히 많은 돈을 모았다. 사실 아메리칸 슈가 한 종목을 상승시키는 데만 400만 달러 이상이 필요하다." 1902년 7월 23일자에 쓴 "이것도 작전인가?(A Campaign in Stocks?)"라는 제목의 칼럼을 읽어보면 다우가 시세조종 행위를 어떻게 바라보고 있는지 잘 알 수 있다.

> 주식시장은 거래가 활기찬 기간이 아니면 휴식 기간이다. 활기가 도는 기간은 대개 시세조종에 의해 시작되고, 시세조종 세력과 대중들의 매수가 혼합돼 지속된다. 프로 트레이더와 대중들은 대개 어떤 특별한 종목 혹은 종목군을 상승시키려는 게 분명해 보이는 일단의 개인들 또는 무리의 리드를 따라가려고 애쓴다.
> 시세조종 세력과 일반적인 트레이더들 간의 주된 차이는, 시세조종 세력은 미래에 존재할 것이라고 생각되는 여건의 유리한 점을 취하려고 애쓴

다는 것이다. 시세조종 세력은 자금 상황이나 특정 주식의 가치 변화 혹은 다른 무엇이 특정 주식의 가치를 지금보다 3개월 후에 더 높게 만들 것이라고 믿는다. 그는 조용히 주식을 매수하고 경우에 따라 주가를 천천히 혹은 급격하게 올리는데, 그가 처음에 예상했을 때 대중들이 그의 수중에서 주식을 가져가기를 기대하는 것이다. 대중들이 이렇게 하는지 아니면 안 하는지 여부가 작전의 성공 여부를 결정한다.

대개의 경우 대규모 트레이딩에 의해 지지된 잘 유지된 상승세는 시세조종 세력으로 하여금 상당한 양의 주식을 처분할 수 있을 정도로 충분한 외부 매수 수요를 가져올 것이다. 투기 대중은 항상 상승세를 타는 주식을 사지 하락세를 타는 주식은 사지 않는다. 그런 점에서 하락할 때 사고 상승할 때 파는 투자 대중과 다르다. 월 스트리트에서 가장 노련한 시세조종 세력 중 한 명은 말하기를, 시세조종의 이해당사자가 보통 25만 달러에 달하는 작전 비용을 기꺼이 지불하기만 한다면, 매력이 있고 작전이라는 측면에서 어떤 영향력 있는 사실을 갖고 있는 주식은 어떤 종목이든 주가가 오를 때 팔 수 있다고 한다.

이 비용은 대부분 시장을 만드는 데 쓰인다. 증권거래소 규정상 A가 B에게 C로부터 특정 가격으로 주식을 매수하라고 말하는 것은 금지돼 있지만, A가 B에게 특정 주식 1만 주를 사겠다고 말하고, 이와 동시에 C에게 같은 주식 1만 주를 팔라고 말하는 것은 금지돼 있지 않다. 이런 작전의 결과로 많은 중개인들이 매수 쪽 혹은 매도 쪽에 참여하기를 바라면서 트레이딩에 참여하게 된다. 또 시장 전체적으로 보면 그것은, 어떤 의미에서 인위적이기는 하지만 누구나 참여할 수 있고 현재의 가격으로 사거나 팔 수 있다는 점에서 합법적이다.

시장을 상대로 한 강세 작전은 많은 주식이 움직여야 하므로 한 종목의 작전에 비해 훨씬 더 큰 규모로 수행된다. 한편으로는 많은 소스로부터 협력을 받을 수 있기 때문에 때로는 더 쉽기도 하다. 또 때로는 어떤 한 종목을 아주 조금 끌어올린 것만 갖고도 친구들을 끌어들여 활발한 투기를 진작시키기에 충분한 모든 것을 할 수 있기도 하다.

강세장에서 일반적인 진행과정은 시세조종을 하는 이해당사자가 두세 개의 아주 뛰어난 종목을 택해, 이들 주식의 거래를 활기차게 만들고 주가를 높여 작전이 시작됐다는 사실에 관심을 기울이게 한다. 통상적으로는 최우량주를 택하는데, 이들 종목은 일반의 투자 관심이 아주 높고, 시장에 나올 가능성이 있는 유동주식의 공급이 그렇게 많지 않다. 이게 바로 세인트폴이 왜 그렇게 자주 주도주가 되며, 록 아일랜드, 노스웨스트 같은 최우량주들이 강세 작전의 초기 단계에서 왜 그렇게 자주 큰 폭으로 상승하는지 그 이유다.

이런 종류의 주식이 5~10포인트 오른 다음에는 대중들이 느끼기에 주가가 너무 올랐다거나 너무 높아 보여서 사려고 하지 않을지 모른다. 하지만 이보다 더 싼 주식은 비록 그 주식들이 내재가치에 비해 비싸다 하더라도 살 것이라는 생각으로 작전 세력의 트레이딩이 중간급 주식으로 이

동하게 된다. 이런 종류의 주식이 몇 포인트 오른 다음에는 여전히 주가가 낮은 주식을 끌어 올리는 게 일상적이다. 오래 전에 시세조종 세력이 이리 철도를 움직였을 때 주가 상승은 금방 끝날 것이라고 여겨졌다. 왜냐하면 이리 철도는 내재가치가 거의 없었고, 이 종목의 주가를 올리는 것은 다른 종목들을 파는 동안 대중들을 유인하는 것으로 여겨졌기 때문이다. 강세 작전이 길게 이어지다 보면 시세조종 세력이 저가주로 옮겨간 다음에도 때로는 다시 돌아와 다른 주식들을 똑같은 순서에 따라 다시 또 되풀이해서 움직이기도 한다. 제일 먼저 주가가 가장 높은 주식, 그 다음으로는 중가주, 그리고는 가장 싼 주식이다.

다우는 시세조종이 존재할 뿐만 아니라 그것이 뿌리 뽑혀져야 할 잘못된 거래 행위라는 점을 잘 알고 있었다. 그러나 시장의 큰 흐름은 시세조종 세력이 어떻게 한다고 해서 되는 것도 아니고 그렇게 할 수도 없다. 때로는 작전 세력이 주식시장을 움직이는 것처럼 보여도 결국은 시장의 방향과 맞을 때만 이들의 의도대로 흘러가기 때문이다. 다우가 쓴 1899년 7월 14일자 칼럼은 이 점을 이야기하고 있다. "시장이 부진하더니 곧 이어 주가가 상승했다. 몇 주 전에는 시장이 부진한 뒤 주가가 떨어졌었다. 이런 변화는 시세조종이 좀더 진전됐으며 작전 세력이 조직됐기 때문인데, 이들은 한동안 강세 요인이 될 것이다. 그러나 이들 작전 세력은 현재의 흐름에 역행하기 보다는 함께 하는 데서 성공을 찾을 것이고, 그들이 시장 움직임에 경험이 많은 인물들로 구성됐다는 점은 당분간 시장의 방향이 상승 쪽일 것이라는 그들의 믿음을 실증적으로 입증할 것이다."

다우는 시세조종의 기술에 대해서도 설명했다. 작전 세력들의 시세조종 행위가 늘 성공하는 것은 아니며 그 관건은 대중들이 따라와 주느냐라는 것이라고 이야기하는데, 우선 1900년 2월 9일자 칼럼을 읽어보자. "대형 작전 세력이 주가를 움직이는 것은 쉬운 문제다. 그러나 이렇게 만든 상승세도 대중들의 매수가 뒤따라주지 않는 한 그 사실이 알려지자마자 이들의 작업은 수포로 돌아가고 작전도 중단될 것이다. 가장 성공적인 시세조종 세력은 실제 시장과 계속 접촉하는 사람들이다. 이들은 대중들의 지원 이상으로 너무 빨리 가지도 않고 대중들이 방향을 못 잡고 허둥대도록 너무 느리게 가지도 않는다. 시세조종은 이처럼 정밀한 관리를 요구하며, 왜 그런 작업을 수행하는 모든 사람이 성공적인 리더가 될 수 없는지 설명해준다." 1900년 4월 7일자 칼럼은 좀더 구체적이고 흥미롭다. "시장이 상당히 상승한 다음에는 이를 선도해왔던 강세 세력들은 항상 팔기 시작한다. 일정 물량의 주식이 쏟아지면서 시장은 약세로 돌아선다. 그러면 강세 리더들은 이제 매도 주문을 거둬들이고 주가를 올려 공매도 투기자들로 하여금 숏커버를 하게 만들고, 상승이 더 이어질 것이라고 믿는 외부 매수자로 하여금 추가로 주식을 더 사게 만든다. 이렇게 끌어올린 다음 시장이 다시 하락할 때 두 번째 물량을 처분할 수 있는데, 이번에는 이전보다 좀더 떨어진다. 그리고는 주가를 끌어올리는 전술이 다시 반복되고, 이런 과정은 강세 시세조종 세력들이 팔고자 하는 한 계속 이어진다. 어떤 종목이 주가가 높은데도 계속해서 강세를 보이는 것은 일반적으로 이런 전술의 일환 때문이다."

시세조종에 맞서려면

시세조종 세력이 이렇게 강력하다면 개인 투자자들은 어떻게 투자해야 하는가? 일반 대중들이 지레 겁먹고 주식시장에서 물러난다면 다우 자신도 매우 아쉬워할 것이다. 더구나 그가 「리뷰와 전망」 칼럼에서 제시하고 있는 방법론은 기본적으로 개인 투자자들을 대상으로 한 것이다. 다우는 〈월스트리트저널〉에 공표되는 다우존스 평균주가로 시장의 흐름을 제대로 파악하고, 가치투자의 시각으로 접근하라고 조언하고 있다. 다우의 투자 원칙이란 이 두 가지뿐이라고 할 수 있는데, 여기서 인용하는 칼럼은 1901년 7월 20일자에 실린 "시장을 읽는 방법(Methods of Reading the Market)"이라는 제목의 글이다.

주식시장에서 자주 나타나는 어떤 경향에 따라 투자를 하는 방식이 있다. 개별 종목의 주가는 대개 조금씩 변하면서 일정한 가격대를 형성해나간다. 시장 전체가 오르내림에 따라 그 방향이 정해지지만 비스듬하게 올라가거나 내려가는 수평선 형태를 띠는 경우가 많다. 그런데 잘 살펴보면 거래가 매우 활발하게 이루어지면서도 아주 작은 범위의 가격대, 가령 2

포인트 이내에서 등락을 거듭하면서 상당히 긴 수평선을 만들어가는 종목을 발견할 수 있다. 이런 수평선을 형성한다는 것은 이 주식을 누군가가 대규모로 매집하고 있거나 매물을 출회하고 있다는 말이다. 다른 투자자들도 이를 알게 되면 함께 매수하거나 매도해버리게 된다. 지난 15년간 이렇게 움직였던 종목들의 주가 기록을 돌아보면 주식을 대규모로 매수하는 일종의 작전 세력들은 이런 식으로 미리 물량을 확보하는 경우가 자주 있었다는 사실을 확인할 수 있다.

이중 천정 이론에 따라 주식 투자를 하는 방식도 있다. 과거의 주가 기록을 살펴보면 어떤 종목이 정점에 도달한 뒤에는 곧 이어 약한 하락이 뒤따르고, 그 뒤 재상승을 하면서 고점 근처까지 간다. 그런데 이런 재상승이 나온 다음 주가가 다시 후퇴하게 되면 이 종목의 주가는 상당히 큰 폭으로 떨어질 가능성이 높다. 그러나 이 같은 이론 한 가지에만 집착해서 투자한다면 여기에는 너무나 많은 예외가 있으며, 아무런 신호도 나타나지 않는 경우가 수없이 많다는 사실을 발견하게 될 것이다.

평균 이론에 기초해 주식 투자를 하는 사람들이 있다. 상당히 오랜 기간을 놓고 보면 주식시장은 상승한 날짜와 하락한 날짜가 거의 같아지는 게 사실이다. 만일 며칠 연속 계속해서 상승했다면 틀림없이 며칠 연속 계속해서 하락하는 경우가 찾아올 것이다.

이런 투자 방식의 문제점은 주가의 작은 출렁임은 큰 흐름의 일부라는 데서 찾을 수 있다. 사실 상승과 하락이 발생할 확률은 늘 똑같아지는 경향을 갖는다. 그러나 상승하는 날과 하락하는 날이 들쭉날쭉하게 뒤섞이는 조합 역시 얼마든지 가능하다. 상당히 장기간 지속되는 강세장이나 약세장에서는 상승하는 날이 압도적으로 많거나 하락하는 날이 훨씬 더 많을 수 있다. 물론 이처럼 긴 강세장이나 약세장까지 전부 아우르는 보다 장기적인 기간을 전제로 한다면 평균 이론은 타당하겠지만 단기적인 주가 흐름의 변화를 예상하고 주식을 거래하는 투자자에게는 당혹스러움을 안겨줄 것이다.

작용과 반작용의 법칙에 근거한 투자 이론은 이런 방식들에 비해 훨씬 더 현실적이다. 이 이론은 기본적인 주가 흐름, 즉 대세상승과 대세하락이 진행되는 과정에서 나타나는 2차적인 조정이나 랠리는 기본적인 주가 흐름의 상승폭이나 하락폭의 적어도 8분의 3을 되돌려놓는다는 사실에 기초하고 있다. 즉, 어떤 종목이 10% 상승했다면 4% 이상 조정을 받을 가능성이 매우 높다는 것이다. 작용과 반작용의 법칙은 주가의 상승폭과 하락폭이 아무리 크다 해도 모두 적용된다. 주가가 20% 상승했다면 적어도 8% 정도는 조정을 받는 일이 드물지 않을 것이다.

기본적인 주가 흐름에서 강세장이 나타나면 이 강세장이 얼마나 이어질 것인지는 누구도 알 수 없다. 그러나 상승폭이 크면 클수록 뒤이어 나타날 반작용 역시 클 것이고, 바로 이 점이 성공적인 투자자가 확실하게 예상할 수 있는 사실이다.

경험이 많은 노련한 투자자들은 시장의 반응을 이용하는 방식을 쓴다. 이런 투자 방식에서는 시장이란 늘 크든 작든 주가를 움직이는 세력에 의해 좌우된다고 본다. 기관투자가든 큰손이든 어느 세력이 시장을 상승시키려고 할 경우 절대 모든 종목을 전부 매수하지는 않는다. 이들은 주도주 두세 종목을 집중적으로 매수한다. 그리고는 자신의 주도주 매수가 다른 종목들에 어떤 영향을 미치는지 관찰한다. 시장 분위기가 강세라면 주도주 두세 종목이 오르는 것을 목격한 개인 투자자들은 지금까지의 관망 자세를 버리고 아직 움직이지 않고 있는 비주도주들을 매수할 것이고, 시장 전체는 더 높이 올라갈 것이다. 개인 투자자들의 반응은 늘 이런 식이다. 이렇게 되면 주도주들은 한번 더 상승하게 되고, 시장 전체도 주도주를 따라 상승세를 타게 된다.

그러나 주도주는 오르는데 나머지 주식들은 오르지 않는다면 개인 투자자들이 매수에 가담하지 않았다는 것을 의미한다. 개인이 따라오지 않는다는 게 분명해지면 주가를 상승시키려고 했던 세력의 시도는 즉각 중단된다. 이 방식은 시시각각 변동하는 주가를 한순간도 놓치지 않는 투자자들이 특히 많이 사용하는 것이다. 하지만 우리가 거래 기록을 살펴본 결과, 어떤 종목의 주가가 특정 시간대에 상승한 다음 시장 전체가 뒤따라 움직였는지 여부는 그날의 거래가 모두 끝난 다음에야 파악할 수 있었다. 시장을 읽는 최선의 방법은 가치 투자의 시각으로 바라보는 것이다. 주식시장은 바람에 따라 이리저리 날아다니는 풍선 같은 게 아니다. 전체적으로 볼 때 시장은 통찰력이 있으며 많은 지식을 갖고 있는 사람들의 진지하면서도 사려 깊은 노력을 반영한다. 이들은 주가를 그 기업의 현재 가치 혹은 그리 멀지 않은 장래에 가질 것이라고 예상되는 가치에 근접하도록 조정해나간다. 시장에 결정적인 영향을 미치는 투자자들이 갖는 생각이란 주가가 오를 것인지의 여부가 아니다. 이들은 자신들이 매수하려는 주식의 자산가치가 지금으로부터 6개월쯤 뒤 다른 투자자나 투기자들로 하여금 지금보다 10~20달러 더 높은 가격에도 매수하게 할 것인지 여부를 따져본다.

그러므로 시장을 읽는 데 가장 중요한 포인트는 어떤 주식의 내재가치가 앞으로 3개월 후 어느 정도가 될 것인지 찾아내는 것, 그리고 시세조종 세력이나 투자자들이 이 종목의 주가가 내재가치에 근접하도록 주가를 올리고 있는지 여부를 관찰하는 것이다. 이런 방식으로 하면 주식시장의 흐름이 확연하게 드러날 것이다. 어느 주식의 내재가치를 안다는 것은 현재 주식시장의 흐름이 어떤 의미인지를 이해하는 것이다.

다우가 이 칼럼을 쓴 시점은 1901년 5월 초에 발생한 노던 퍼시픽 주가 매집 사태의 후유증으로 주식시장이 패닉에 빠져든 지 불과 10주가 지난 뒤였다. 그러므로 당시 그는 시장 전체의 큰 흐름이 정점을 지나 방향을 바꾼 것이 아니라 단지 대세상승이 진행되는 과정에서 하락 조정이 상당히 격렬하게 나타났다는 점을 분명하게 확인할 수는 없는 시기였다. 그런데도 이렇게 명쾌하게 상황을 진단했다. 그는 뛰어난 감각으로 충분히 쓸 만한 가치가 있는 내용을 이야기했고, 자신이 말하고자 한 내용을 다 쓴 뒤 글을 맺었다. 윌리엄 피터 해밀턴은 이렇게 평가했다. "신문 칼럼을 쓰면서 어지간해서는 갖추기 힘든 덕목이다. 기본적인 사실과 그 이면의 진실에 대해 다우는 그 사실이 적절하지 않은 것이거나 아직도 진행중인 경우를 제외하고는 자신의 감정을 적극적으로 표현하고자 했다. 그는 주식 투기를 하나의 사실 관계로 다뤘고, 숨겨진 진실을 캐내고자 했다. 아무런 실익도 없는 도덕적 논쟁이나 도박과 혼동하는 따위는 개입할 여지가 없었다."

　다우가 말하고자 한 바는 분명하다. 가치가 주가를 결정한다는 것이다. 시세조종이 일시적인 주가 등락이나 단기적인 조정 혹은 랠리를 만들어내기도 하지만 주가의 중심 흐름은 오로지 가치의 변화에 대한 반응이라는 말이다. 주가는 가치 없이는 지속될 수 없다. 마찬가지로 가치가 지지하고 떠받쳐주고 있다면 주가는 궁극적으로 떨어질 수 없다.

10
시장을 보는 눈

소설 《모비딕Moby-Dick》으로 잘 알려진 허만 멜빌은 열일곱 살 나이로 배를 타기 시작해 포경선과 상선, 군함을 타고 오대양을 누볐고, 그때의 경험을 바탕으로 작품을 썼다. 그는 《모비딕》에서 화자인 이슈마엘의 입을 빌어 "포경선은 나에게 예일 대학이자 하버드였다"고 말했다. 그가 고래잡이 배를 타지 않았더라면 지금 고전의 반열에 올라있는 《모비딕》이라는 작품도 나오지 않았을 것이고, 멜빌 역시 19세기 미국 최고의 작가라는 평가를 얻지 못했을 것이다.

월 스트리트가 예일이자 하버드

찰스 다우에게는 월 스트리트가 예일 대학이자 하버드였다. 다우는 스물여덟 되던 해 월 스트리트 땅을 처음 밟은 뒤 쉰한 살의 나이로 눈을 감을 때까지 월 스트리트를 떠나지 않았다. 그는 베테랑 기자로 월 스트리트 구석구석을 샅샅이 파헤쳤고 바닥부터 훑어냈다. 금융시장의 통계 수치를 구하기 힘들 때는 직접 만들어서 사용했다. 주식시장의 흐름을 전체적으로 조망하고 비교할 수 있도록 주가지수라는 개념도 처음으로 만들어냈다. 뉴스 속보 서비스 회사를 창업한 지 2년 만에 덮친 1884년의 패닉은 현장에서 직접 목격했고, 1893년에 시작된 극심한 불황기도 월 스트리트에서 견뎌냈다. 1901년의 노던 퍼시픽 매집 사태는 월 스트리트의 지휘부에서 그 전 과정을 생생하게 지켜봤다. 그는 월 스트리트에서 일하는 동안 미국 금융가의 쟁쟁한 리더들을 만나 인터뷰하기도 했는데, 이런 현장 경험은 상아탑에 있는 경제학자들이 따라올 수 없는 것이었다. 말년에는 미국 경제와 금융시장을 돋보기로 들여다 보듯 심층 분석한 「리뷰와 전망」 칼럼을 썼다. 다우는 주식시장을 투기적 시각이 아니라 현장 기자의 시각으로 관찰했고, 과학적 방법으로 시장을 분석했다.

그렇게 해서 다우는 오래 전부터 마음속에 새겨두었던 시장의 비밀을 풀어낼 수 있었다. 그 열쇠는 주가의 흐름과 가치 투자에 있었다. 그가 보기에 주식시장은 시세조종을 일삼는 작전 세력이 움직이는 게 아니었다. 시장은 가치를 정확히 내다본 일반 투자자들이 만들어가는 것이었다. 주식시장의 움직임은 결코 이해할 수 없는 수수께끼 같은 것이 아니며, 훌륭한 투자 성과는 마법이 아니라 상식으로 얻을 수 있다는 게 다우가 내린 결론이었다. 시장은 이처럼 단순했다. 투자는 상식이었다. 문제는 일반 대중들이 아직도 이런 사실을 모른다는 것이었다. 다우가 해야 할 일은 이들에게 그것을 알려주는 것이었다. 그가 죽기 한 달 전까지도 펜을 놓지 않은 이유는 대중들 스스로 이 같은 시장의 비밀과 투자의 상식을 깨우치도록 하려는 것이었다. 그리고 그 덕분에 우리는 시장을 보는 새로운 방식을 얻을 수 있게 된 것이다.

그러나 다우는 늘 겸손했다. 1901년 11월 20일자 칼럼에 쓴 글을 읽어 보자. "월 스트리트에서 일하는 사람들은 물론 소위 시장의 핵심 주도 세력조차 시장이 어떻게 될지 확실히 알지 못한다. 실은 더 많이 알수록 더욱 조심스러워진다. 시장을 움직이려 애쓰는 큰손 투자자일수록 대개의 경우 누구보다 확신하지 못한다. 왜냐하면 자신들이 맞부딪칠 헤아릴 수 없는 난관과 그 어려움의 깊이를 누구보다 잘 알기 때문이다. 따라서 시장이 어떻게 움직일지 안다고 주장하는 주식 중개인이 있다면 이런 사람은 전혀 믿을 가치도 없다."

"제한된 범위 안에서 미래를 볼 수 있다"

다우의 신중한 성격을 잘 보여주는 대목이기도 한데, 그는 단정적으로 말하기 보다는 가능하면 비유를 통해 독자 스스로 이해할 수 있도록 애썼다. 1901년 10월 2일자 칼럼을 보자. "주가는 마치 소규모 전투가 진행되는 것처럼 움직인다. 지금까지의 전개 과정이 있는 그대로 드러나고, 앞으로 발생할 것으로 기대되는 방향을 향해 나아간다. 그러나 너무 멀리 나갔을 때는 도로 후퇴해야 한다. 또한 사실이 분명해지면 한동안 급하게 움직인다. 조류가 육지로 거의 다 들어왔거나 바다 멀리까지 나갔을 때는 늘 파도가 잔잔한 시기가 있다. 경기의 조류도 호황의 끝이나 불황의 끝에 이르렀을 때는 상황이 더 좋게 변할지 아니면 나쁘게 변할지 도저히 판단할 수 없는 시기가 온다. 상황이 어떻게 변할지 모르니 어디서 균형을 이룰지 불확실한 것이다."

그럼에도 불구하고 다우는 주식시장이 합리적으로 움직인다고 생각했다. 그는 새로운 시각으로 주식시장을 바라봤고, 핵심을 꿰뚫어보는 통찰력을 갖고 있었다. 그리고 늘 미래를 내다보는 안목을 잃지 않았다. 그는 1900년 12월 14일자 갈럼에서 이렇게 말했는데, 내가 제일 좋아하는 구절이기도 하다. "제한된 범위 안에서 우리는 앞날을 내다볼 수 있다. 현재는 늘 미래를 향해 나아가고, 주의 깊게 관찰하면 오늘의 시장 환경 속에서 내일의 위험과 희망을 읽어낼 수 있으니 말이다."

여기 옮겨 적는 다우의 글들은 그가 가졌던 생각과 철학이 무엇인지 가장 잘 보여주는 오리지널 에센스이자 그의 삶의 증거라고 할 수 있다. 주식시장에 대한 다우의 사고와 통찰은 그가 글을 썼을 때만큼이나 지금도 지극히 현명한 가치 철학을 집약적으로 전해준다. 다우의 문장은 대단한 미문(美文)도 아니고 강렬하게 몰아붙이는 힘도 별로 없다. 모나지 않은 성격답게 결론 부분에 가서 다소 모호하게 끝낼 때도 있다. 하지만 다우의 글에서는 그가 뭔가를 전해주려 애쓰고 있다는 느낌이 와 닿는다. 자신이 알고 있는 것을 때로는 되새김질하듯 천천히 이야기하기도 하고, 가끔은 미주알고주알 찬찬히 설명해주기도 하고, 멋진 비유와 격언을 인용해 단칼에 표현해버리는 경우도 언뜻언뜻 눈에 띈다. 글이 그 사람의 성격을 말해준다면 이게 바로 다우의 매력일지도 모르겠다. 원문을 함께 싣지 못하는 점이 아쉽기는 하지만, 다우의 문장은 씹을수록 맛있는 그런 글이다. 아, 100여 년 전에도 이런 글을 쓸 수 있다니 하면서 놀랄 때가 틀림없이 있을 것이다. 그러면 하나씩 천천히 감상하면서 시장을 보는 눈을 키워보기 바란다.

대중들이 팔기 시작할 때는 때로 그것을 살 때처럼 맹목적으로 팔아 치운다.
-1899년 5월 10일

빠른 상승 이후의 하락은 대개 급하지 않지만, 느리고 불규칙한 움직임을 보이는 경향이 있다. 시간이라는 요소는 기계를 작동시킬 때와 마찬가지로 시장의 흐름에서도 중요하다. 시장 여건이 강세에서 약세로 변했다는 점을 인정한다 해도 이 변화의 확신이 전국적으로 퍼져서 트레이딩하는 집단을 롱사이드(매수) 쪽에서 숏사이드(매도) 쪽으로 돌려놓으려면 상당한 시간이 필요하다.
-1899년 5월 19일

장기적으로 주식시장에 가장 큰 영향을 미치는 한 가지 요인을 꼽는다면 바로 돈이 넘쳐나는 것이다.
-1899년 5월 22일

대세상승이 진행 중일 때는 그해의 상반기에 주가가 낮았다가 하반기에 주가가 높아진다.
-1899년 5월 25일

하락하는 시장에서는 아주 초조해져서 팔려고 했던 사람들이 주가 상승세가 명백해지면 간절히 매도 주문을 취소하고 싶어한다.
-1899년 6월 23일

매일매일의 반응들은 중요하지 않다. 그것들은 대부분 시세조종 세력이 시장이 있는지 알아보기 위한 목적으로 행하는 거래를 반영하는 것이다. 큰손들에게는 자신이 거래하는 주식이 1포인트 혹은 2포인트 오르고 내렸는지는 비교적 사소한 문제다. 중요한 것은 그가 팔 수 있을 만큼 대중이 따라오는지 여부다.
-1899년 6월 29일

대중들은 몇 가지 주식시장 원칙을 아주 잘 알고 있는데, 그 중 하나는 시장이 호재성 뉴스에도 올라가지 않는다면 한동안 현 수준에서 횡보할 수도 있지만 조만간 내려갈 것이라는 원칙이다.
-1899년 7월 20일

너무 많은 계란을 하나의 바구니에 넣는 건 좋지 않으며, 그래서 투자자들은 일반적으로 이 원칙을 따르는 게 상식이다. 그러나 월 스트리트의 또 다른 격언이 있는데, 때로는 당신이 가진 모든 달걀을 하나의 바구니에 넣고 이 바구니를 잘 지켜보는 게 좋다는 것이다.
-1899년 8월 3일

지금 보면 가치도 없는 허황된 주식(fancy stock)의 트레이딩이 눈에 띄게 늘고 있다. 이것은 비록 강세장이면 으레 나타나는 모습이기는 하지만 전반적인 상승 흐름이 오래도록 지속될 것을 알려주는 신호는 반드시 아니었다.   −1899년 8월 11일

우연한 사건들은 대부분 약세 투기자들에게 유리한 쪽으로 일어나는 것 같다.   −1899년 9월 13일

주가가 올라갈 때는 강세 이야기를 너무 믿지 말고, 주가가 떨어질 때는 약세론을 의심의 눈초리로 바라보라.   −1899년 9월 18일

큰손 투기자들은 뛰어난 정보의 원천과 경험을 갖고 있기 때문에 대부분의 경우 주가의 자연스러운 움직임을 배우고자 하고, 그 다음에는 그것을 따르고자 한다. 누구라도 자연스러운 움직임에 저항하는 것은 성공하기 보다는 재난으로 이어질 가능성이 더 높다.   −1899년 9월 27일

비우호적인 여건의 좋지 않은 뉴스에도 시장이 내려가지 않을 때 대개는 곧바로 상승이 나온다. 트레이더들은 항상 최소 저항선을 따라가려고 애쓰고, 따라서 시장이 한 방향으로 가려고 하지 않을 때는 대개 다른 방향으로 갈 것이다.   −1899년 10월 4일

대개는 상승이나 하락의 마지막 국면에서 새로운 움직임을 시작하기 전에 주가가 스스로 조절하는 적절한 시간을 갖는다.   −1899년 10월 9일

시장을 내려쳐서 주식 매수를 멈추게 했는데 그 뒤에 또 내려쳐봐야 실익은 없다. 다들 이걸 알고 있고 약세 리더들도 알고 있다. 이들은 사과가 떨어지기를 멈춘 뒤에 나무를 흔드는 데 더 이상 시간을 낭비하지 않을 것이다. 시장이 내려가면서 작은 거래량으로 금세 반등할 때, 그리고 이것이 여러 종목에서 반복적으로 나타날 때 이것은 누군가가 롱사이드 쪽을 이끌고 있다는 아주 명백한 증거인 경우가 많다.   -1899년 10월 16일

오래된 트레이딩 원칙에 따라, 주식을 매수하기에 앞서 반드시 반등이나 조정을 기다리는 보수적인 사람들이 있다. 이들은 대개 돈을 번다. 이들의 보수적인 행동은 과거 주식시장의 역사에 기초한 것이다.
    -1899년 10월 16일

상당히 큰 규모의 패닉 뒤에는 강한 반등에 이어 주가가 서서히 가라앉는 시기가 온다는 것은 거의 틀림없다.   -1899년 12월 21일

심각한 하락에 이어 랠리가 오고, 그 다음에 시장이 약해지는 시기를 거쳐 결국에는 비교적 활기도 없고 주가도 횡보하게 된다는 것은 거의 틀림없는 사실이다.   -1899년 12월 26일

시장의 좁은 움직임은 전적으로 정상적이다. 그것은 주식을 처분하고서 다시 사려는 사람들 입장에서는 매도자들이 결국 양보할 것이라고 믿고 있는 반면 주식을 아직 보유하고서 팔려고 하는 사람들은 별로 초조해

하지 않고 있다는 것을 의미한다.
-1900년 1월 17일

시장이 어떤 것에 민감하게 반응하기를 그만두면 대개 다른 것에 민감하게 반응한다.
-1900년 1월 30일

시장이 우호적인 여건 아래서도 올라가지 못하면 여기에는 이유가 있는 것이다. 이런 이유가 일반적으로 이해될 때 그것은 하락을 부추긴다. 시장이 올라가야 할 때 올라가지 못한다면 대개 내려간다.
-1900년 2월 20일

투자할 돈을 갖고 있는 모든 사람들의 마음속에는 반드시 몇 가지 점에 대한 단단한 믿음이 있어야 한다. 이자율이나 배당률이 높을수록 리스크도 크다는 점을 반드시 이해해야 한다. 투자의 안전성은 기본적으로 이자나 배당금을 지불하는 데 필요한 금액 이상의 연간 평균 잉여금에 달려있다. 일반적으로 주식은 투자보다는 투기에 더 적합하다.
-1900년 3월 1일

현재의 여건이 어떠하든 결국 사라지리라는 것은 누구도 부정할 수 없는 주식시장의 진실이다. 시장은 주변 여건의 변화를 반영한다. 수백 개 상장 종목 모두가 끊임없이 더 좋게 혹은 더 나쁘게 변화한다. 이런 변화가 충분히 커질 경우 주가는 틀림없이 그것에 맞춰 변화할 것이다. 모든 투기는 앞으로 몇 주 혹은 몇 달 후의 가치에 의해 정당화될 수 있는 위치로 주가를 끌고 가려는 노력이다.
-1900년 3월 10일

투기는 기대되는 여건들을 미리 반영한다. 주가는 항상 가치에 따라 스스로를 조정한다. 시세조종은 이 같은 조정 과정을 들쭉날쭉하게 만들지만 그 결과는 분명하다. 지지부진한 장이 길게 늘어진다는 것은 투기 시장의 리더들이 아무것도 보지 않거나 행동하기에 우호적인 시점이 아니라고 생각하는 것이다.

-1900년 3월 17일

대통령 선거가 있는 해에는 주가가 절대로 크게 오르지 않는다는 믿음이 있는 것 같다. 이건 잘못된 믿음이다. 시장은 사이클에 따라 움직인다. 대통령 선거가 대세상승기에 오면 주가는 올라간다. 대세하락기에 오면 주가는 내려간다. 누가 대통령에 당선되든 상관없다. 대통령 선거가 치러졌던 1872년과 1880년, 1888년에는 주가가 전반적으로 상승했다. 1884년과 1892년, 1896년에는 대통령 후보 지명 때까지 하락했으나 그 뒤 시장은 방향을 틀었다.

-1900년 3월 20일

사업보고서는 그 자체로는 아주 좋지만, 막상 정보가 필요할 때는 거의 쓸모가 없다.

-1900년 3월 21일

주식시장은 추세를 미리 반영한다. 경기 호전이 발표되기 전에 주가는 오른다. 경기 침체가 실제로 나타나기 전에 주가는 경기 침체를 미리 반영한다. 그러나 주가의 이런 선 반영은 극단으로 흐른다. 주가는 있는 그대로의 것뿐만 아니라 그림자까지 미리 반영하고, 때로는 발생하지 않은 것까지도 기대한다.

대중들이 주식을 보유할 때는 주가 상승이 매수세를 강화한다. 이익을 본 사람이 돈을 벌었다고 말하면 다른 사람의 매수를 자극하고, 그것이 매수 물량을 늘려 상승세의 규모와 힘을 키워가는 것이다. 공매도의 청산으로 인해 상승하는 시장에서는 정확히 그 반대 현상이 벌어진다. 1포인트 오를 때마다 매수 여력은 줄어들고, 상승의 이유를 아는 사람들만 이익을 실현하도록 부추기는 것이다.
-1900년 5월 18일

3~4년씩 이어지는 강세장은 거세게 밀려드는 조류와 같다. 뜰 수 있는 것은 전부 띄워버린다. 여기에는 가치가 없는 것도 부지기수고, 나중에 조류가 물러나면 도저히 팔 수 없는 것들까지 늘 있게 마련이다.
-1900년 5월 25일

시장이 일단 움직이기 시작한 다음에는 그 움직임을 멈추기가 어렵듯이 시장을 상승이든 하락이든 출발하도록 만드는 것은 늘 어렵다. 제이 굴드는 말하기를 시장의 일상적인 판을 깨거나 도로 일상적으로 돌아가도록 만드는 것만큼 어려운 일도 없는 것 같다고 했다.
-1900년 8월 29일

어떤 주식이 비싼 게 분명한데도 떨어져야 할 때 안 떨어진다면, 이미 공매도한 사람들이 매수하고 있기 때문일 가능성이 높다.
-1900년 9월 21일

투기의 불확실성을 잘 알고 있는 사람이라면 누구라도 하락이 얼마나 더 멀리 갈지, 혹은 언제가 주식을 사야 할 정확한 타이밍인지 감히 말하지 않을 것이다.
　　　　　　　　　　　　　　　　　　　　　　　　-1900년 9월 22일

시장은 완전히 똑같이 반복하지는 않지만 다양한 모습으로 끊임없이 반복한다.
　　　　　　　　　　　　　　　　　　　　　　　-1900년 10월 17일

시장은 늘 천정 근처에서 제일 강하게 보이는데, 경험에 의하면 대개 가장 큰 폭의 상승 뒤에 가장 강력한 매수가 오지는 않는다.
　　　　　　　　　　　　　　　　　　　　　　　　-1900년 11월 9일

내부자들이든 일반 대중이든 사람들이 주식을 사고자 하고 살 수 있는 한 주가는 오를 수밖에 없다.
　　　　　　　　　　　　　　　　　　　　　　　-1900년 11월 15일

서두르면 치명적일 수 있다는 말은 훌륭한 격언이다. 기다리면 적절한 때에 주식시장에 들어가야 할 시점을 발견하게 될 것이다.
　　　　　　　　　　　　　　　　　　　　　　　-1900년 11월 22일

줄다리기 게임에서는 똑같은 숫자의 사람들이 로프 양쪽 끝에 매달려 어느 쪽이 힘이 센지 서로 끌어당긴다. 주식시장 투기라는 게임에서는 투기자가 어느 쪽을 택할지 자유롭게 선택할 수 있고, 많은 투기자가 선택한 쪽이 이긴다. 주식시장에서는 "모두가 힘을 합치면 누구보다 강하다"는 말이 통하기 때문이다. 모두가 강세 쪽에 가담하면 시장은 쉽게 올라가지만 올라가는 동안 한 명 두 명 떨어져 나가다 상승세가 멈춘다. 때로는 그냥 나가기도 하고, 때로는 다시 돌아서 반대편 쪽에 가담하기도 한다.
-1901년 1월 12일

어떤 장세든 대체로 두 기간으로 나눌 수 있다. 주가가 한 레벨에서 다른 레벨로 올라가거나 내려가는 시기, 그리고 주가가 낮거나 높은 수준에 머물며 비교적 작은 범위 안에서 등락하는 시기.
-1901년 1월 16일

그때그때의 시장 움직임에 일희일비하는 사람은 절대 크게 성공할 수 없다. 한마디로 말해 주식으로 큰돈을 버는 사람은 주식을 투자의 대상으로 여기고, 투자할 주식을 신중하게 고르며, 시장이 전반적으로 하락한 다음에 사들이고, 매수 타이밍과 매도 타이밍을 잡기 위해 참고 기다릴 줄 아는 투자자다.
-1901년 1월 19일

강세장에서는 대부분 이런 때가 온다. 대중들이 주가 등락을 컨트롤하고, 가장 막강한 큰손들조차 상승 조류를 억제하기 힘든 시점이다.
-1901년 1월 24일

크게 상승한 다음 후퇴할 때는 대개 두 국면이 있다. 먼저 약세 투기자들의 공격과 스톱오더에 따른 빠른 하락, 두 번째는 매도세가 매수세보다 우세해지면서 천천히 하락하는 국면이다.
-1901년 1월 25일

주가의 파동은 마치 바닷물이 출렁이며 파도가 치는 것처럼 정점에 닿은 뒤에도 단 한 번에 제자리로 후퇴하지 않는다. 주가를 움직이는 힘은 서서히 밀려들어오고, 이 흐름을 정확히 파악하는 데는 어느 정도의 시간이 필요하다.
-1901년 1월 31일

불규칙한 장세에서는 항상 일반적인 강세장이나 약세장에 있을 때보다 가치가 더 영향력을 발휘하는데, 일반적인 강세장이나 약세장에서는 우량주나 부실주나 다 함께 움직이기 때문이다.
-1901년 2월 20일

엄청난 수익을 노리고 높은 리스크를 감수하는 투기자가 돈을 버는 게 아니라 보수적인 투자자가 돈을 버는 것이다.
-1901년 2월 22일

유목(流木)은 항상 조류에 떠다닌다. 시장을 떨어뜨리는 전반적인 이유가 있게 되면 그 매력 이상의 주가로 팔렸던 수많은 주식들이 마치 우량주가 올랐던 것처럼 하릴없이 떨어질 것이다. 많이 떨어지는 주식과 적게 떨어지는 주식의 차이는 가치의 차이인데, 하나는 지속적인 순이익을 내고 다른 하나는 순이익이 없어 이 차이는 계속 더 커져간다.
-1901년 3월 7일

우리는 시장의 정점이 어디까지 갈지 알지 못한다.
-1901년 4월 9일

패닉 뒤에 시장이 보이는 움직임은 일반적으로 같다. 먼저 저점에서 강력한 반등이 있는데, 이는 때로 조금 늦어지기도 하지만 통상 저점을 기록한 날로부터 일주일 안에 온다. 그리고는 주가를 적어도 회복한 것의 절반, 많은 경우 거의 회복한 것만큼을 떨어뜨리는 느린 하락이 뒤따른다.
-1901년 5월 15일

대중들이 무엇을 할지 확실히 예측하기는 매우 어렵다. 때로는 주가가 싼 게 분명한데도 매수하려고 하지 않고, 때로는 비싼 게 분명한데도 탐욕스럽게 주식을 매수한다. 과거 경험에 비춰보면 일반적으로 상승의 정점에서 어떤 충격적인 사건이 터지는데, 그래야 대중들이 혼란에 빠져 매수하는 대신 매도하도록 만들 수 있기 때문이다.
-1901년 5월 17일

패닉이 항상 가르쳐준 위대한 가르침은 공포와 초조함이 극에 달했을 때는 가치가 무시되고 최고의 주식도 최악의 주식만큼 혹은 그 이상 떨어진다는 것이다. 사실 사람들이 돈이 꼭 필요할 때는 최고의 주식을 파는데, 그것은 다른 주식은 시장이 전혀 없지만 최고의 주식은 늘 일정한 시장이 있기 때문이다. 더구나 최고의 주식은 담보로 잡힐 수도 있고, 담보로 잡힌 주식을 팔 수도 있지만, 형편없는 주식들은 강제로 팔려고 해도 팔리지 않는다.
-1901년 5월 21일

장기적으로 보면 주가는 시장의 정상적인 투자 수익률에 맞춰 스스로 조정해 나간다고 말할 수 있다. 상당히 긴 시간을 두고 관찰해보면 주가는 틀림없이 가치를 따라간다는 사실을 발견할 것이다. 따라서 기업 실적을 근거로 주식의 가치를 비교적 정확히 파악할 수 있다면 이런 투자자는 매우 안전한 투자 기준을 확보했다고 할 수 있다.
-1901년 6월 13일

강하게 올라오는 투기의 조류가 우량주뿐만 아니라 부실주까지 띄운다는 것만큼 분명한 것도 없다. 조류가 방향을 바꾸면 부실주는 좌초하는데, 시장성이 없어 이를 보유한 개인이나 기관에게 애물단지로 전락한다. 반면 우량주는 계속해서 떠다니는데, 시장성이 있어서 얼마든지 매매할수 있고 손실이 나더라도 최소화할 수 있다.　　　　　　　-1901년 6월 28일

누구도 바닥에서 매수하거나 천정에서 매도하기를 기대할 수는 없다. 항상 자신의 판단이 백발백중 정확하기를 바라거나 손실을 피할 수 있을 것이라고 생각해서도 안 된다. 주식시장에서 돈을 번 사람들의 경우 대개는 열 번의 거래 가운데 여섯 번은 수익을 거두고 네 번은 손실을 보는데, 그렇게 해서 결국은 순이익을 남기는 것이다.　　　　　-1901년 7월 11일

시장을 읽는 최선의 방법은 가치 투자의 시각으로 바라보는 것이다. 주식시장은 바람에 따라 이리저리 날아다니는 풍선 같은 게 아니다. 전체적으로 볼 때 시장은 통찰력이 있으며 많은 지식을 갖고 있는 사람들의 진지하면서도 사려 깊은 노력을 반영한다.　　　　　　-1901년 7월 20일

약세장에서는 하락하는 날만큼이나 상승하는 날도 비슷하게 있는데, 이는 항상 숏커버링(공매도 투기자의 환매수)과 강세 시세조종, 장기 보유를 위한 매수가 있기 때문이다.　　　　　　　　　　-1901년 7월 27일

대은행가는 주식시장에서 자기 하고 싶은 대로 다 할 수 있다고들 말하지만 이보다 더 틀린 말도 없다. 주식시장은 궁극적으로 대중이 만들지 다른 누구도 만들지 못한다. 트레이더들은 주가를 작은 범위 안에서 움직이게 할 수 있다. 은행가들은 주가를 좀더 넓은 범위 안에서 움직일 수 있다. 그러나 대중이 없이는 시장은 끊임없이 균형점만 맴돌 것이다. 트레이더들과 은행가들은 투기 행위를 하면서 대중들이 따라오기를 기대할 수 있고 일반적으로 그렇게 하지만, 대중들이 따라오지 않으면 아무것도 얻을 수 없다.

-1901년 8월 29일

주식시장이 중단 없이 상승하거나 중단 없이 하락하는 일은 절대 없다. 약세장에서도 상승하는 날은 자주 있다. 이것은 주식을 매수하려 하고 기꺼이 보유 물량을 늘리려 하는 강세 쪽 사람들이 항상 있기 때문이다. 주식을 매수해 보유하고 있는 사람은 반드시 팔지 않아도 되지만 공매도한 사람들은 반드시 매수자가 돼야 한다. 언제든 주식은 과매도 될 때가 있고, 빌리기가 힘들고, 겁먹은 공매도 투기자들을 돌려놓기 위해 누군가 커버링을 시작하도록 애쓰는 경우가 있기 때문이다. 이런 이유로, 또 다른 이유들로 인해 조류의 움직임이 똑같다 하더라도 강세장에서 조정이 나오는 것보다 약세장에서 랠리가 나오는 경우가 더 많다. 더구나 시장이 여러 날 계속해서 한 방향으로 가게 되면 트레이더들은 방향을 틀 수밖에 없다는 느낌이 항상 들게 되고, 회복을 기대하고 주식을 매수하게 되는 것이다.
-1901년 10월 9일

주식의 가치란 시간이 지나면 결국 빛을 발하게 된다. 내재가치가 아주 뛰어난 우량주와 내재가치가 형편없는 주식이 어느 시점에는 똑같은 가격으로 거래되기도 한다. 하지만 두 주식이 6개월 정도 등락을 거듭하며 움직인 다음에는 우량주와 그렇지 않은 주식의 주가 차이가 10%이상 벌어지게 된다. 이 기간 중 대여섯 번 나타난 조정과 랠리 때마다 우량주는 덜 떨어지고 더 많이 올랐을 것이기 때문이다. -1901년 10월 17일

가치는 주가의 일시적인 등락과 거의 관계가 없지만 장기적으로는 주가를 결정짓는 요소다. 주식의 가치는 궁극적으로 투자자의 수익률에 따라 결정되며, 투자자가 주가를 결정한다는 것만큼 확실한 것도 없다. 시세조종 세력은 한동안 막강한 위력을 발휘할 수 있다. 이들은 주가를 올리거나 내릴 수 있다. 투자자들을 오도해 팔고 싶을 때 사게 하고, 사고 싶을 때 팔게 할 수도 있다. 그러나 시세조종은 영원히 이어질 수 없다. 결국 투자자는 대략적으로나마 진실을 알게 된다. 주식을 계속 보유하겠다거나 팔겠다는 그의 결정은 주가를 투기와 독립적으로 만들고, 큰 의미에서 진정한 가치의 지표로 만든다. -1901년 10월 18일

모든 종목의 주가가 다 함께 출렁이는 것 같지만, 궁극적으로 주가는 가치를 따라가는 법이다. -1901년 11월 20일

투기란 최선의 경우라 하더라도 결코 쉽게 부를 가져다 주는 길이라고 말할 수 없다. 하지만 분명히 말할 수 있는 것은, 확실한 이익을 보장하면서 눈 딱 감고 작전에 참여하라고 요구하는 사람에게 넘어가 투기를 하면 반드시 손실을 본다는 점이다. 누가 당신에게 계좌 관리를 맡겨달라고 이야기한다면 그렇게 요구했다는 것 자체가 그에게 절대 돈을 주어서는 안 되는 명백하고도 확실한 이유다. ─1901년 11월 20일

끝까지 고집을 부리는 투기자에게는 아무것도 돌아가지 않는다.
─1901년 11월 23일

투기에는 단 한 가지 변하지 않는 법칙이 있다. 그것은 장기적으로 가치가 주가를 결정하고, 시장을 만드는 모든 사람들의 기본적인 노력이 가치를 예측하고, 그에 따라 주가를 조정함으로써 돈을 번다는 것, 이건 확실하다는 것이다. ─1901년 11월 28일

큰 추세의 상승과 하락이 얼마나 클지는 아무도 말할 수 없다.
─1902년 1월 4일

누구든 투자자로서 가장 먼저 고려해야 할 것은 자신이 거래하고자 하는 주식의 가치다. 그 다음으로는 기본적인 주가 흐름이 현재 어느 방향인지 판단해야 하는데, 매일같이 신문에 실리는 평균주가만 제대로 읽으면 충분하다. 마지막 세 번째로 고려해야 할 게 2차적인 주가 흐름(반등이나 조정)이 진행되고 있는지 여부를 파악하는 것이다. ─1902년 1월 4일

주가가 낮은 수준일 때는 주가가 당장의 충격에 매우 민감하지만, 이런 때는 주식 보유자들이 상황의 개선이 올 것이며 그때가 되면 틀림없이 주가가 오를 것이라는 생각을 갖게 된다. 주가가 높은 수준일 때는 충격이 일시적으로는 덜 영향을 미치지만 주식 보유자들은 주가를 높은 수준으로 계속 유지할 정도로 상황이 계속 좋지는 않을지 모른다고 생각한다. 그러므로 충격으로부터의 회복은 덜 확실하고, 전체적으로 상황은 불안전해진다.

−1902년 1월 9일

강세장은 풍선이 부풀어오르듯 계속 팽창하지 않는다. 오히려 조류가 밀려드는 것과 비슷하다. 주가는 결과지 원인이 아니다. 강세장은 가치가 낮은 수준일 때 출발해 경기가 개선되기 시작하고 이익이 늘어나기 시작하면 이에 따라 주가도 점차 올라가는 것이다.

−1902년 1월 11일

주식시장에서 정말로 큰 수익을 올리는 사람은 매수 포지션이든 매도 포지션이든 아주 극단적인 포지션을 취한 상태에서도 이익을 손에 쥘 때까지 몇 달 혹은 몇 년씩 기다리며 인내하는 투자자다.

−1902년 1월 24일

이미 지나간 고점을 돌아보지 않고서는 시장이 정점에 도달했는지 아무도 알 수 없다.

−1902년 2월 11일

투기에서 한 가지 확실한 것은 가치가 장기적으로 주가를 결정한다는 것이다. 시세조종 세력은 일시적으로 영향력이 있지만, 궁극적으로는 투자자가 주가를 만들어낸다. 모든 투기의 목적은 다가올 가치의 변화를 예측하는 것이다. 누구라도 어떤 주식의 가치가 주가보다 높으며 이것이 지속될 것 같다는 사실을 안다면 확신을 갖고 그 주식을 살 것이다. 투자자들이 그 주식의 가치를 인정하는 순간 주가는 오를 것이기 때문이다.

-1902년 2월 25일

어떤 주식이 비싼지 싼지는 주가가 아니라 그 주식의 가치에 따라 판단해야 한다.

-1902년 3월 11일

가치는 주가를 만들고, 순이익은 가치를 만든다. 순이익은 가치를 만들고, 장기적으로 작황이 순이익을 만든다.

-1902년 4월 22일

월 스트리트에서 돈 벌 기회를 놓치는 것이 돈을 잃는 것은 아니다. 언제든 심각한 재난을 피하는 유일한 길은 투기적 이익을 만들 현재의 기회 같은 것을 희생시킬 수 있는 능력이다. 사람을 망가뜨리는 것은 그가 벌지 못한 돈이 아니라 그가 잃은 돈이다.

-1902년 5월 2일

상승세의 정점이나 하락세의 바닥이 언제 도달할지는, 실제로 그런 정점이나 바닥이 만들어진 뒤 어느 정도 시간이 지난 다음이 아니라면 아무도 말할 수 없다. 때로 사람들은 주가가 언제 정점에 도달하고 바닥을 치는지 추측할 수는 있지만 그런 추측은 본질적으로 아무 가치도 없다. 월

스트리트에는 이런 격언이 있는데, 어리석은 투기자만이 최저점에서 사기를 바라고 최고점에서 팔기를 바란다는 것이다. 노련한 투기자는 아무도 이것을 확실하게 말할 수 없다는 점을 잘 알고 있다.

-1902년 5월 14일

"이익은 계속 커나가도록 놔두고 손실은 짧게 끊어버리라"는 격언에는 절대다수의 주식 투자자들이 고개를 끄덕이겠지만, 아마도 이 말을 처음 만들어낸 사람은 이보다 더 강하게 말하고 싶었을 것이다.

-1902년 7월 15일

대부분의 투자자들은 자신이 보유한 종목의 주가가 한동안 제자리걸음만 하다가 이제 막 움직이기 시작하면 즉각 팔아버린다. 다시 또 주가가 지지부진해질 것을 우려해서다. 하지만 이때는 매도 시점이 아니라 오히려 추가로 매수해야 할 타이밍이다. 다른 투자자들도 이제야 비로소 이 종목의 주가가 내재가치에 비해 낮다는 사실을 발견한 것이기 때문이다.

-1902년 7월 31일

투자를 할 때는 다음 세 가지 원칙을 따라야 한다. 첫째, 유가증권의 수익률은 리스크의 정도를 가리킨다. 둘째, 새로운 벤처사업은 실패율이 아주 높으므로 신규 기업에 투자하는 것은 결코 현명하지 않다. 셋째, 어떤 형태로든 통상적인 것 이상의 특별한 이익을 공식적으로 제안하는 곳에는 절대로 투자하지 말라.

-1902년 8월 8일

월 스트리트는 대개 직접 접해보지도 않은 사람들에 의해 이런저런 식으

로 이야기된다. 상어와 문어, 거머리, 그리고 온갖 사나운 동물들이 득
시글거리면서 잘 모르는 사람들을 기다리다가 확 집어삼키려는 소굴이
라고 말이다. 혹은 "땅뺏기 놀이" 노래에 나오는 것처럼 우연히 지나가다
가 집을 수 있게 금 덩이와 은 덩이가 땅에 떨어져 있어서 누구나 발견
할 수 있는 곳이라고 말이다. 그러나 어떤 주식이 200달러라도 싼 것이
며, 2센트라도 비싸다는 것을 배울 때까지는 아마도 많은 사람들이 투기
로 돈을 잃게 될 것이다.   -1902년 9월 10일

■ 에필로그

−다우는 무엇을 남겼는가

찰스 다우는 1902년 12월 4일 브루클린 하이츠의 자택에서 마지막 숨을 내쉬며 20년 전 그날을 떠올렸다. 에디 존스와 함께 뉴스 속보 회사를 만들려고 했을 때 그는 사실 무척이나 망설였다. 과연 해낼 수 있을까? 혹시 무모한 시도가 아닐까? 시작하지 말아야 할 이유는 얼마든지 있었다. 결혼한 지 1년밖에 안 된 신혼초인 데다 아내가 딸까지 데려와 식구가 셋이나 됐으니 안정된 직장이 필요했다. 게다가 모아놓은 돈도 많지 않았고, 동업자인 존스는 부채까지 있었다. 이래가지고는 회사 설립도 어려웠다. 그래서 존스는 자기와 친한 제임스 킨한테서 자금을 빌리자고 제안했던 것인데, 그건 절대로 안 될 말이었다. 세상에 주식시장 뉴스를 생산하면서 월 스트리트 최고의 시세조종 세력에게 손을 내민다는 것은 용납할 수 없었다.

하지만 그건 다 핑계였다. 다우가 선뜻 첫 발을 내딛지 못한 진짜 이유는 확신이 부족했기 때문이다. 과연 주식시장에 대해 얼마나 알고 있을까? 이 정도 지식으로 월 스트리트에 관한 기사를 써낼 수 있을까? 올해 나이 서른하나에 기자 경력은 그럭저럭 10년이나 됐지만 월 스트리트에서 활동한 지는 이제 고작 2년이 좀 넘었다. 봇물처럼 쏟아지는 온갖 정보를 주워담으며 시시각각 변동하는 주식시장을 제대로 이해하기에는 턱없이 부족한 기간이다. 다우는 생각할수록 불안감만 커져갔다.

다우는 마침내 최후의 결단을 내리기에 앞서 마지막으로 한 사람을 만나보기로 했다. 콜리스 헌팅턴이었다. 센트럴 퍼시픽 철도의 설립자 중 한 명인 헌팅턴은 주로 샌프란시스코를 무대로 활동해왔지만 그 무렵 마침 뉴욕으로 이주해 살고 있었다. 다우가 존경하는 기업인이자 철도왕으로 불리기도 했던 헌팅턴은 월 스트리트가 어떤 곳인지 본능적으로 잘 알고 있었다. 대륙횡단 철도 건설 당시 헌팅턴이 보여주었던 감동적인 일화는 다우도 들은 적이 있었다. 그는 자기 회사가 대륙횡단 철도의 첫 번째 레일을 놓는 기념식장에 참석하지 않았다. 첫 번째 못을 박는 것은 기념하고 싶지 않다는 게 그가 한 말이었다. "첫 번째 못은 누구나 박을 수 있지만, 첫 번째 못과 마지막 못 사이에는 헤아릴 수 없는 노동과 불안이 놓여있다." 헌팅턴은 대륙횡단 철도가 완성되고 순금으로 제작한 마지막 못을 박은 다음에야 자축했다.

다우는 이런 인물이라면 뉴스 사업에 대한 조언을 들을 만하다고 생각하고 헌팅턴을 찾아갔던 것이다. 다우는 그간의 과정을 설명한 다음 어렵게 말을 꺼냈다. "존스와 저는 뉴스 속보 서비스 사업이 좋은 기회임에 틀림없다고 생각합니다. 하지만 겁이 납니다. 사실 그 친구나 저나 주식 시장에 대해 그렇게 많이 알고 있는 것 같지가 않아서요. 그래서야 월 스트리트에서 뉴스 사업으로 성공할 수 있겠습니까?" 헌팅턴의 대답은 단호했다. "해보게. 주식시장에 대해서는 누구도 잘 알지 못하네."

다우, 존스 앤 컴퍼니는 그날부터 시작된 것이었다. 그리고 20년이라는 세월이 흘러 서른한 살 청년은 쉰한 살이 되어 사라지듯이 이 세상을 떠나갔다. 다우의 직접 사인은 심장마비였지만, 그의 건강은 이미 오래 전부터 나빠진 상태였다. 2년 전 마지막으로 다우, 존스 앤 컴퍼니의 사장으로 재선출됐을 때부터 〈월스트리트저널〉 편집국장 직을 비롯한 회사의 주요 업무를 토마스 우드록에게 맡기고, 그는 「리뷰와 전망」 칼럼을 쓰는 데만 전념했다. 8개월 전인 3월 13일에는 다우, 존스 앤 컴퍼니의 사장과 이사직에서도 물러났다. 이날 다우는 자신이 보유하고 있던 3410주의 주식을 회사 동의 아래 처분하기로 했는데, 앞서 보스턴 뉴스 에이전시와 〈보스턴 뉴스 뷰로〉의 소유주인 클레어런스 배런에게 매각하기로 한 상태였다. 배런은 3월 31일 다우 외에 찰스 버그스트레서와 우드록을 비롯한 다우, 존스 앤 컴퍼니 임직원이 소유한 주식을 인수해 모두 5866주를 사들였다. 배런은 그러나 현금이 부족했던 데다 은행 대출도 싫어해 주식 매각 대금으로 현금 2500달러와 개인어음 63매를 지불했다. 나중에 알려진 바로는 배런이 〈월스트리트저널〉을 포함해 다우, 존스 앤 컴퍼니를 인수하는 데 들인 돈은 전부 13만 달러에 불과했다. 결국 이 가운데 절반이 조금 넘는 7만 달러 정도가 다우의 몫이었지만, 그나마도 다우가 살아있을 때 받은 현금은 1만 달러도 되지 않았다.

다우가 임종하는 자리는 아내 루시 혼자서 지켰다. 아일랜드에 사는 딸과 사위는 병세 악화 소식을 듣고 벌써 출발했지만 아직 미국으로 건너오고 있는 중이었다. 장례식은 이들이 도착한 다음으로 연기됐다. 12월 5일자 〈월스트리트저널〉에는 다우의 부음 기사와 함께 존스의 애도 편지가 실렸다.

여러분 회사의 수석 파트너로 있었던 고인을 기리고자 이 글을 보냅니다. 저는 28년 전 프로비던스에서 고인과 같이 일했고, 3년 전까지 다우, 존스 앤 컴퍼니의 파트너로 함께 지냈습니다. 그는 늘 끊임없는 팩트 추적자였으며, 그렇게 찾아낸 팩트를 가장 뛰어난 방식으로 쓰고 알렸습니다. 그는 초창기 시절 철도회사 경영자들이 내켜 하지 않았던 사업보고서를 공개하도록 싸우는 과정에서 정말 큰 힘이 되어주었습니다. 덕분에 일반 투자자들이 월 스트리트를 흐려놓는 협잡꾼들로부터 보호받을 수 있게 됐고, 잘한 것은 무엇이고 잘못한 것은 무엇인지 알 수 있게 된 것입니다. 그의 정직성은 일체의 타협도 허락하지 않았고, 그의 근면성은 그야말로 대단했으며, 그의 성실성은 한 점 흠잡을 데 없었고, 그의 가정생활은 모범적이고 이상적이었습니다. 파이낸셜 저널리즘은 이제 가장 정직한 구성원 한 명을 잃었습니다. 그의 가족들은 다정하고 사랑스러웠던 아들과 남편,

아버지를 그리워하며 눈물을 흘리고, 월 스트리트는 가장 양심적이고 강력하고 유능한 평론가를 떠나 보냈습니다. 그가 떠나간 빈 자리는 아마도 채워질 수 없을 겁니다.

〈월스트리트저널〉은 전통적으로 그래왔듯이 다우의 죽음과 관련해 별도의 사설을 쓰지 않았고, 사진도 싣지 않았다.(다우가 살아있는 동안 〈월스트리트저널〉이 이 같은 전통을 깨뜨린 적은 딱 한 번 있었는데, 헌팅턴이 죽었을 때였다. 〈월스트리트저널〉은 1900년 8월 14일자에 그의 사망 소식과 함께 얼굴 사진까지 실었다.) 자신이 만든 신문이 창간 발행인의 사진조차 싣지 않았다는 건 언뜻 서운하게 생각될지도 모르지만, 워낙 드러내는 걸 싫어하고 매사를 조용히 처리하고자 했던 그의 성격을 감안하면 충분히 어울리는 일이었다. 〈월스트리트저널〉은 다만 그가 눈을 감은 뒤에도 12월 17일자까지 2면의 발행인과 파트너를 적어놓은 지면에서 찰스 다우의 이름을 빼지 않았다.

〈보스턴 뉴스 뷰로〉에서 보내온 애도 기사에 따르면, 다우는 죽기 전 유럽을 여행하고 아일랜드의 딸네 집을 다녀왔으며, 몇 주 안에 〈월스트리트저널〉에서의 모든 일을 그만둘 생각이었다고 한다. 그는 무엇을 하고 싶었던 것일까? 건강을 회복하고 더 오래 살았다면 그는 무슨 일을 했을까?

사실 다우는 평생 자기 마음먹은 대로 자신의 글을 써나갔다. 아쉽

게도 일찍 세상을 떴으나 어쩌면 그랬기 때문에 하고자 했던 일을 마음
껏 하면서 열정적으로 살다 구질구질하지 않게 삶을 마칠 수 있었는지
도 모른다. 물론 힘든 일도 많았겠지만 다우는 틀림없이 뭔가를 탄생시
키고 뭔가를 만들어낸다는 기쁨 그 자체를 자기 삶의 보상으로 여겼을
것이다. 물론 그는 큰 재산을 모으지도 못했고, 세인들로부터 대단한 존
경도 받지 못했으며, 대를 이을 핏줄조차 남기지 않았다. 그는 돈을 많
이 벌 욕심도 없었다. 그랬다면 말년에 칼럼을 쓰는 대신 회사를 더 크
게 키웠을 것이다.

그러나 다우는 많은 것을 남겼다. 그는 〈월스트리트저널〉이라는 신문
과 여기에 실린 그의 수많은 칼럼들을 남겼을 뿐만 아니라 파이낸셜 저
널리즘을 개척했고 다우존스 평균주가라는 최초의 주가지수와 후대에
다우 이론이라고 이름 붙인 주식시장의 분석 틀을 제공했다. 지금 읽어
보면 다소 장황하기도 하고 고지식한 느낌마저 드는 그의 칼럼을 읽어가
다 보면 아, 100여 년 전에도 기사를 이렇게 쓸 수 있었구나 하는 생각에
고개를 절로 끄덕이게 된다. 다우 지수는 아직도 세계에서 가장 유명한
주가지수로 남아있고, 주인은 몇 번 바뀌었어도 〈월스트리트저널〉은 현
재 미국 최고의 경제지로 자리잡았으며, 많지는 않으나 전세계적으로 그
를 숭배하는 저널리스트와 애널리스트도 꽤 있다. 다우는 무엇보다 우리
에게 시장을 바라보는 새로운 눈을 주었다. 우리는 다우가 처음 제공한
그 방식으로 시장을 바라보고 있는 것이다.

존 메이나드 케인스는 그의 명저 《고용, 이자 및 화폐의 일반이론》의 맨 마지막 장 맨 마지막 문단에서 이렇게 말했다. "경제학자와 정치철학자들의 생각은 그것이 옳을 때나 그를 때나 일반적으로 생각하고 있는 것보다 훨씬 더 강력한 영향력을 미친다. 사실 그것 외에는 세상을 지배하는 것이 별로 없다. 어떤 지적인 영향으로부터도 완전히 자유롭다고 믿고 있는 현실적인 사람들도, 이미 생을 마감한 죽은 경제학자의 노예인 것이 보통이다. (……) 빠르든 늦든, 선하게든 악하게든, 위험한 것은 사상이지 기득권이 아니다."

▪ 찰스 다우 연보

1851년 11월 6일 코네티컷 주 스털링의 이콩크 힐에서 출생. 먼저 태어난 두 형은 모
        두 일찍 사망.
1857년 아버지가 세상을 떠나면서 가세가 급격히 기울기 시작.
1867년 고향을 떠나 인근 도시에서 일자리를 잡다. 이때까지 다우가 받은 정규 교육
        은 초등학교에서 읽기와 쓰기를 배운 게 전부였다. 윈드햄 카운티에서 발행
        되던 주간지의 견습기자 겸 인쇄공이 첫 일자리였을 것으로 추정.
1869년 코네티컷 주를 떠나 매사추세츠 주 스프링필드로 가다.
1872년 여러 직업을 전전한 끝에 전국적인 지명도를 갖고 있던 〈스프링필드 데일리
        리퍼블리컨〉의 기자 겸 파트타임 인쇄공으로 자리잡음. 이곳에서 그의 첫 스
        승이 되는 새뮤얼 W. 바울스(Samuel W. Bowles)를 만나다.
1875년 〈스프링필드 데일리 리퍼블리컨〉의 사회부 기자를 그만두고, 로드아일랜드
        주 프로비던스로 가다. 〈프로비던스 스타〉의 야간 에디터로 일하며 자매지
        인 〈프로비던스 이브닝 프레스〉에도 기사를 쓰다.
1877년 〈프로비던스 저널〉로 옮기다. 이곳에서 그의 두 번째 스승이 되는 조지 W.
        다니엘슨(George W. Danielson)과 훗날 다우, 존스 앤 컴퍼니를 함께 창업
        할 에드워드 존스(Edward Johns)를 만나다. 현재 남아있는 다우의 가장 오
        래된 기사인 "우리들의 증기선"(4월23일자) 기사를 쓰다.
1879년 광산 개발 열풍이 뜨거웠던 콜로라도 주 레드빌로 5월부터 7월까지 출장을
        가다. 이곳에서 모두 9편의 현장 취재 기사(레드빌 레터)를 송고. 이 기사를
        마지막으로 〈프로비던스 저널〉을 사직하고 뉴욕으로 떠나다. 〈뉴욕 메일 앤
        익스프레스〉에서 광산주 기사 외에 처음으로 금융 기사를 쓰다.
1880년 뉴스 속보 서비스 회사인 키어난 뉴스 에이전시로 자리를 옮겨 금융시장에
        관한 분석 및 해설 기사를 쓰다. 에디 존스가 스프링필드를 떠나 뉴욕으로
        오다. 존스는 다우의 소개로 키어난 뉴스 에이전시에서 월 스트리트 담당 기
        자로 일하게 되다.

1881년	4월 9일 코네티컷 주 노스브랜포드 출신으로 자신보다 다섯 살 연상인 루시 M. 러셀(Lucy M. Russell)과 결혼하다.
1882년	11월에 새로운 뉴스 속보 서비스 회사인 다우, 존스 앤 컴퍼니를 출범시키다. 키어난 뉴스 에이전시에서 기자로 함께 일한 찰스 M. 버그스트레서(Charles M. Bergstresser)를 파트너로 합류시키다.
1883년	11월부터 석간지 〈커스토머스 애프터눈 뉴스 레터〉를 발행하기 시작하다.
1884년	7월 3일자 〈커스토머스 애프터눈 뉴스 레터〉에 다우존스 평균주가를 처음 게재하다. 다우 자신이 직접 선정한 평균주가 산정 대상 종목은 모두 11개였다.
1885년	사업상 친해진 로버트 L. 굿바디(Robert L. Goodbody)를 대신해 12월 24일자로 뉴욕증권거래소의 정식 회원이 되다. 동시에 증권회사인 굿바디, 글린 앤 다우의 파트너도 되다.
1889년	7월 8일자로 〈월스트리트저널〉 창간호를 발행하다.
1891년	4월 30일자로 뉴욕증권거래소 회원 및 굿바디, 글린 앤 다우의 파트너 자리에서 물러나다.
1896년	5월 26일자 〈월스트리트저널〉에 산업주 12개 종목만으로 산정한 다우존스 산업 평균주가를 처음으로 게재하다.
1899년	1월 9일자로 에디 존스가 다우, 존스 앤 컴퍼니를 떠난다고 공식 발표.
1899년	4월 21일자 〈월스트리트저널〉에 「리뷰와 전망」 칼럼이 처음 실림.
1900년	2월 14일 다우, 존스 앤 컴퍼니의 사장으로 재선출됨. 그러나 건강이 나빠져 회사의 주요 업무를 다른 사람에게 맡기고, 「리뷰와 전망」 칼럼을 쓰는 데 전념함.
1902년	3월 13일자로 다우, 존스 앤 컴퍼니의 사장과 이사직에서 물러난다고 공식 발표. 3월 31일 클레어런스 W. 배런(Clarence W. Barron)에게 모든 주식 양도. 10월 24일자에 「리뷰와 전망」 마지막 칼럼이 실림. 12월 4일 브루클린 하이츠 자택에서 영면.

번역서가 있는 경우 해당 도서 아래 괄호로 표시했으며, 재인용 도서의 경우
따로 참고문헌 표시를 하지 않았습니다.

Bernstein, Peter L. Capital Ideas. New York: Free Press, 1992.
(피터 번스타인. 《세계 금융시장을 뒤흔든 투자 아이디어》 강남규 옮김. 이손, 2006)
Bernstein, William. The Four Pillars of Investing. New York: McGraw-Hill,
　　　2002.
(윌리엄 번스타인. 《투자의 네 기둥》 박정태 옮김. 굿모닝북스, 2009)
Bishop, George W., Jr. Charles H. Dow and the Dow Theory. New York:
　　　Appleton-Century-Crofts, 1960.
Bishop, George W., Jr. Charles H. Dow, Economist. Princeton, N.J.: Dow
　　　Jones Books, 1967.
Chancellor, Edward. Devil Take the Hindmost. New York: FSG, 1999.
(에드워드 챈슬러. 《금융 투기의 역사》 강남규 옮김. 국일증권경제연구소, 2001)
Fisher, Ken. 100 Minds That Made the Market. Woodside, CA: Business Clas-
　　　sics, 1993.
(켄 피셔. 《시장을 뒤흔든 100명의 거인들》 이건, 김홍식 옮김. 비즈니스맵, 2009)
Fox, Justin. The Myth of the Rational Market. New York: Harper Business,
　　　2009.
(저스틴 폭스. 《죽은 경제학자들의 만찬》 윤태경 옮김. 랜덤하우스, 2010)
Geisst, Charles R. Wall Street. New York: Oxford University Press, 1997.
Gordon, John Steele. The Great Game. New York: Scribner, 1999.
(존 스틸 고든. 《월 스트리트 제국》 강남규 옮김. 참솔, 2002)
Graham, Benjamin. and Dodd, David L. Security Analysis. New York: McGraw-
　　　Hill, Reprinted 1996.

(벤저민 그레이엄, 데이비드 도드. 《증권분석》 이건 옮김. 리딩리더, 2011)

Hamilton, William Peter. The Stock Market Barometer. New York: Harper and Brothers, 1922.

(윌리엄 피터 해밀턴. 《주식시장 바로미터》 박정태 옮김. 굿모닝북스, 2007)

Keynes, John M. The General Theory of Employment, Interest and Money. New York: Harcourt Brace, 1936.

(존 메이너드 케인스. 《고용, 이자 및 화폐의 일반이론》 조순 옮김. 비봉출판사, 개역판 2007)

Kindleberger, Charles P. and Aliber, Robert Z. Manias, Panics, and Crashes. 5ht ed. London: Palgrave Macmilan, 2005

(찰스 킨들버거, 로버트 알리버. 《광기, 패닉, 붕괴》 김홍식 옮김. 굿모닝북스, 2006)

Lefever, Edwin. Reminiscences of a Stock Operator. New York: George H. Doran, 1923.

(에드윈 르페브르. 《제시 리버모어의 회상》 박정태 옮김. 굿모닝북스, 2010)

Loeb, Gerald M. The Battle for Investment Survival. Hoboken, NJ: John Wiley & Sons, Reprinted 2007.

(제럴드 로브. 《목숨을 걸고 투자하라》 박정태 옮김. 굿모닝북스, 2008)

Rhea, Robert. The Dow Theory. New York: Barron's, 1932.

(로버트 레아. 《다우 이론》 박정태 옮김. 굿모닝북스, 2005)

Sether, Laura. Dow Theory Unplugged. Cedar Falls, IA: W&A, 2009.

Sobel, Robert. The Big Board. New York: Free Press, 1965.

Sobel, Robert. Panic on Wall Street. New York: Macmillan, 1968.

Wendt, Lloyd. The Wall Street Journal. Chicago: Rand McNally, 1982.

■ 후기

찰스 다우가 말년에 쓴 칼럼 「리뷰와 전망」을 읽을 때마다 늘 머릿속을 떠나지 않던 의문이 있었다. 한 편 한 편의 분량이 꽤 되는 이들 기사에는 주로 그의 분석과 해설이 담겨 있는데, 향후 시장의 방향을 자신 있게 예측한다거나 앞으로 전망이 있는 유망 종목을 콕 집어 알려주는 내용은 눈을 씻고 찾아봐도 없다. 그렇다고 경제 상황이나 월 스트리트를 소재로 하는 내용이 대단히 흥미로운 것도 아니고, 주로 평균주가로 시장 흐름을 짚어가다 보니 숫자를 계속해서 나열하는 대목도 자주 나온다. 요즘 칼럼에서 자주 발견하는, 말랑말랑한 소재로 한숨 돌리거나 세상 돌아가는 우스개 이야기를 잠깐씩 섞어주는 요령 따위도 없다. 그의 성격상 독자들의 정서를 자극하는 도발적인 내용도 쓰지 않았고, 당연히 자기 자랑이나 단정적인 의견 제시 따위는 전무했다. 그러니 재미가 없을 수 밖에.

　찰스 다우라는 인간은 도대체 어떤 목적이 있었기에 그토록 재미없는 기사를, 아무리 봐도 독자가 그리 많았을 것 같지 않은 기사를 작성하는 데 짧은 인생의 귀중한 시간을 소비해야 했을까? 왜 이런 무미건조한 기사를 그렇게 오랫동안 꾸준히 써왔던 것일까? 차라리 이런 따분한 글을 쓰는 대신 회사 경영에 전념했더라면 〈월스트리트저널〉을 매각하지도 않았을 것이고, 훨씬 더 많은 부와 명예를 손에 쥐었을 것이며, 당연히 세인들로부터 더 많은 존경을 받았을 것이다. 하지만 그는 그렇게 하지 않았다. 그는 신문사를 키워 돈을 벌 욕심도 없었고, 저널리스트로 이름을 날릴 생각도 없었으며, 무슨 대단한 이론가가 되겠다는 야심 같은 것도 없었다.

그런데도 그는 죽기 한 달 전까지 아픈 상태에서도 계속해서 칼럼을 썼다. 그는 대체 무슨 목적이 있었기에 이렇게 죽는 순간까지도 월 스트리트에 관한 칼럼을 계속 썼던 것일까? 다우의 칼럼들을 다시 읽어본다. 여전히 약점이라고 할까 결점 같은 게 눈에 띈다. 그의 신중한 성격에서 비롯된 것이겠지만 기사의 화려한 맛이 한참 떨어진다. 다소 지루하고 밋밋한 내용이 많고 확 눈길을 잡아 끄는 대목도 거의 없다. 좋게 보면 군더더기 없고 심플하다고 할 수 있지만 나쁘게 말하자면 톡 쏜다거나 감칠맛 같은 게 전혀 없다. 물론 100년도 훨씬 전에 쓴 기사를 요즘 기준으로 재단한다는 게 말이 안 되지만, 어쨌든 그렇다는 얘기다.

그럼에도 불구하고 다우가 쓴 글을 잘 읽어보면 아주 강렬하다거나 직선적이지는 않지만 확실히 자기 생각을 최대한 객관적이고 중립적으로 전달하려는 노력이 느껴진다. 동료들이 대학 교수라고 부를 정도로 해박한 지식과 정연한 논리를 가졌지만, 늘 한 발자국 뒤로 물러나서 억지로 꾸미지 않은 시장 분석과 경제 해설을 써나갔다. 그의 기사에 매료되거나 열광한 독자는 거의 없었겠지만, 틀림없이 그의 기사를 교과서처럼 읽고 또 읽으며 공부한 독자들은 꽤 많았을 것이다. 어쨌든 다우가 없었다면 우리는 매일같이 파동이 일 듯 움직이는 주식시장의 흐름과 그 기저로부터 울려 나오는 진실을 제대로 듣지 못했을 것이다. 자신이 품었던 비밀을 끝까지 추적했던 한 인물덕분에 우리는 그 비밀에 한 발짝 더 가까이 접근할 수 있는 것이다.

그렇다. 나는 이 책을 마무리 지으면서 비로소 처음의 물음에 대한 해답을 조금 알 것 같았다. 다우는 칼럼을 쓰면서 특별한 목적을 설정하지 않았다. 그는 그저 독자들에게 그런 사실들을 알리고 싶었기 때문에 칼럼을 쓴 것이었다. 돈을 벌기 위한 것도, 유명해지기 위한 것도 아니었다. 그의 눈으로 본 경제 현상과 시장의 흐름을 단지 그의 문장으로 기사화했을 뿐이다. 어차피 칼럼이 특종 기사가 될 것도 아니고, 독자들에게 대단한 반향을 일으킬 것도 아니었다. 자신은 꾸준히 써나가고 독자들도 꾸준히 읽는 게 중요했다. 그는 자신이 아는 것, 그가 눈으로 보고 가슴으로 느끼고 머리와 마음속에 쌓인 것을 자연스럽게 잉크에 묻혀 하나씩 활자로 옮겼을 뿐이다. 그는 자신의 글이 독자들에게 도움을 줄 것이며, 월 스트리트를 바라보는 시각을 바꾸는 데도 일조할 것이며, 그

거면 됐다고 틀림없이 그렇게 생각했을 것이다. 그렇게 그는 노래를 부르
듯 칼럼을 썼던 것이다.

　너무 찬사 위주로 흐른 것 같다. 이런 평전(評傳) 형식의 글을 쓰다 보면
아무래도 대상이 되는 인물의 업적이나 자취를 좀 과대 평가하거나 그럴
듯하게 포장하게 마련이다. 아무튼 이 책 덕분에 다우의 칼럼을 수도 없
이 읽었다. 그사이 나도 모르게 다우의 글을 좋아하게 됐다. 물론 그의
인생을 조금 들여다본 게 도움이 되기는 했지만 말이다. 나도 어떤 욕구
나 의도를 갖지 말고 다우처럼 그저 자신이 좋아하는 글을 자기 마음대
로 쓸 수 있을까 하고 생각해봤다.

2012년 10월
박정태

찰스 다우 연구
Charles H. Dow

1판1쇄 펴낸날 2012년 11월 26일

지은이 박정태
펴낸이 서정예
표지디자인 S&P
펴낸곳 굿모닝북스

등록 제2002-27호
주소 (410-837) 경기도 고양시 일산동구 장항동 750-1 804호
전화 031-819-2569
FAX 031-819-2568
e-mail image84@dreamwiz.com

가격 13,800원
ISBN 978-89-91378-27-8 03320